2時間で一気読み

13歳からの政治の学校

橋下 徹
Hashimoto Toru

PHP新書

はじめに

「政治」を根本から考える必要性

「政治家は本当に必要ですか？」

「選挙って行く意味ありますか？」

こんな質問を受けることがあります。昨今の政治家の裏金問題によって広がる政治不信が、こうした発言の背後にはあるのかもしれません。大人からも子どもからもこうした質問を受けますが、いちばん問題なのは、当の政治家本人たちもじつはよく理解していないのでは？　と思う瞬間があることです。

「政治家はなんのために存在しているのか、理解できているのだろうか？」

そんなふうに首をかしげる瞬間が、これまでもしばしばありました。

政治や司法、日本国憲法の内容、経済の仕組みを皆、学校で一通り勉強するはずですが、世の中に出たら意外と忘れ去ってしまうものです。立派に見える大人が、「政治」についておぼろげな知識しか持ち合わせず、しかし表面上は知ったふうに取り繕って生きている……。そんな人は、じつはあなただけではありません（笑）。

「偉そうなことを言っておいてお前はどうなんだ」という声が聞こえてきそうです。もちろん完璧だと言うつもりはありませんが、弁護士という職業柄、憲法や法律に関しては専門的に学んできた自負はあります。

また大阪府知事・大阪市長・国政政党代表という行政の長や政治家の経験もあります。弁護士からコメンテーターに、コメンテーターから行政の長・政治家に、そして再び弁護士兼コメンテーターに。その都度、膨大《ぼうだい》な勉強を重ね、専門家にも教えを請《こ》い、自分の頭でも必死に考えてきました。

弁護士にしろ、行政の長にしろ、政治家にしろ、人の人生に大きく関わる職業です。誤った法律の知識や偏見に満ちた政治の理解では、人びとを幸せにできません。その分、一般の方よりも多く勉強を重ねてきたつもりです。

加えて大阪府知事・大阪市長になると、自分は絶大な権力を持っていると勘違いしそうになる瞬間もあります。その都度、身を引き締めると同時に、「ああ、日本はこのような仕組みによって〝権力の暴走〟を防いでいるんだな」と、実感したものです。

僕はいま政治家を引退して、以前どおり弁護士として仕事をしながら、コメンテーターや文筆家として活動しています。世界では次々に予測不可能な事件や紛争が起こり、そのたびに意見を求められます。

しかし、目まぐるしく変わる社会状況、国際情勢のなかにあっては、問題が複雑すぎてどこから手をつけていいのやら迷うことがあります。またSNS時代において世間や専門家たちが、ある一つの意見に強くまとまって、そのうねりが非常に強くなるときがあります。

そういうときには、僕は必ず**「政治とは何か」という原点に立ち戻る**ようにしています。

すると、目の前を覆《おお》っていた霧の先に光が見えるときや、世間の大きなうねりがじつは間違った方向に進んでいるんじゃないかと感じるときがあるんです。

本書では政治を専門家的に小難しく論じるのではなく、原点に立ち戻って、しかも自分の身近な日常生活に当てはめながら考えていきたいと思います。

権力者に「NO!」と言える国、ニッポン

僕がまだ現役の政治家だった頃の話です。当時の僕は、大阪府政・市政を改革しようと奮闘していました。多くの仲間や支持者に支えられ、しかし同時に、反対者やアンチも多かった時期です。ワイドショーやネット空間では、僕への批判や誹謗中傷《ひぼうちゅうしょう》が飛び交《か》っていました。

そんな様子を、当時まだ小学生だった息子も察知していたのでしょう。一緒にシンガポールを旅した際、こんなことをぽつりと言ったのです。

「日本もシンガポールみたいに、政治家の言うことに国民が従う国だったら良かったのにね」と。

ご存じのとおり、シンガポールは１９６５年の独立以来、経済発展が目覚ましく、世界有数の観光立国・経済立国です。しかし、政治形態は事実上の一党独裁。世界でも稀《まれ》な〝成功した独裁体制〟として異質の存在感を放っています。

この一党独裁状態に息子は感じるところがあったのでしょう。父親の悩みを軽減してあげたいという子ども心もあったのだと思います。そんな彼の気持ちには感謝しつつ、僕はこう言いました。

「日本の国民は、嫌いな政治家に『ＮＯ！』と言える権利を持っている。徹底批判できる。政治家という権力者を怖がらなくていい。だからこそ日本は素晴らしい国なんだよ」と。

たしかに一握りのリーダーが国民をけん引する政治体制は、強力なリーダーシップを発揮できます。その結果、シンガポールのように経済発展を遂げ、教育水準も高められ、世界から移住してくる高度人材が増えるのであれば、一見、問題はないように思えます。

しかし、繁栄が永遠に続く保証はどこにもありません。経済が発展している間は良くても、停滞したときにどうなるのでしょう。リーダーが権力に固執し始めたらどうなるのでしょう。より強烈な独裁体制に暴走し始めたとき、それを国民が止める仕組みはあるのでしょうか。

権力の暴走。僕らはいまそうした現実を目《ま》の当たりにしています。ロシアや中国、北朝鮮にイスラエル……。

国のトップのタガが外れても、誰も止められない。国民が戦争を止めたくても止められない。市民がどれほど飢《う》えようとリーダーはお構いなし。お年寄りや生まれたての赤子が殺されても、それを正義だという人びとがいるという現実に、僕らはどう向き合えばいいのでしょう。

見かけだけの選挙、見かけだけの国民支持で押し切る〝強力すぎるリーダー〟のもとでは、国民の声や、国際社会からの訴えはかき消されてしまうのです。

他国ばかりではありません。戦時中の日本でも、暴走する軍部や政府を国民が止められなかった経験を持ちます。結果的に日本はどうなったのか、僕らは歴史の授業で習ったはずです。

でも、僕らはたくさんの悲劇を乗り越えて、少しずつ学んできました。多くの教訓から、「権力者が暴走しないための仕組み」「人びとが幸せになるためのプロセス」を整えてきたのです。

「政治家が目指す方向が間違っていると国民が感じたとき、『嫌だ!』『自分たちは違う政治を望んでいる!』と堂々と言って、殺し合いをしなくても選挙を通じて、政治家から権力を奪うことができるいまの日本の政治は素晴らしいものなんだよ」

この言葉を、僕は息子に限らず、多くの若い人たちに声を大にして言いたいのです。

水と安全が〝タダ〟で手に入らない時代がやってくる？

日本では長らく、「水と安全はタダ」と言われてきました。いまも多くの外国人が日本を訪れては、治安の良さや町の清潔さに驚いています。

でも、本来こうした状態は、何の努力もなく手に入るものではありません。

もし現在の日本で、水や安全が〝タダ〟のように感じているとしたら、それは何十年も前に生きた先人たちが、汗をかき、時には血を流し、このような国をつくってきてくれたおかげです。

しかし、今後はどうでしょう？　戦後80年近く、平和で安全な生活を送ることができたからといって、次の80年も同じ状態が続く保証はどこにもありません。高齢者が増え、若年層が減っていけば、福祉サービスや社会インフラもこれまでのようには成り立たなくなっていきます。サービスの担い手が減る以上、僕らも利便性最優先での生活を維持することは困難になってくるでしょう。あるいは外国人が日本に多く住むようになれば、異なる価値観や文化との衝突も起きるはずです。そうした人びとともに上手に共存していく方法を、僕らは編み出さなくてはなりません。

社会が変化すれば、人びとの意識や感覚も変化していきます。そんなときもヒントになるのは、**「政治とは何か」という原点**です。

もしこの本を手に取ってくださるのが10代の若い方なら、これから長い人生を歩むための指針として、「政治」についての基本的な考え方をお伝えしたい。

もしこれを読んでくださる方が立派な社会人なら、一緒にもう一度、基本に立ち戻りましょう。世界の至る所で紛争や戦争が起こる時代です。日本とて安心してはいられません。政治不安、経済不安、将来不安を一瞬で吹き飛ばすような魔法は、残念ながら存在しません。それでも「政治」の基本的な理解は、僕らの生活を守り、歩むべき方向を自分で見つける力になってくれます。

もし、本書を読んでくださる方がお子さんやお孫さんをお持ちの世代なら、どうか若い世代と一緒に、僕らが住む社会について考えてください。僕らが生活している日本社会は、飢えで苦しむことなく、銃で襲われることもめったになく、将来を夢見て安心して暮らすことができますが、それは世界を見渡せば決して当たり前ではないことを、子や孫たちに教えてほしいのです。

「政治とは何か」を語るうえで、僕は舞台を「**学校**」に設定しました。僕らは成人して社会に出れば、それぞれの職業・立場へと分かれて進んでいきますが、「学校」はほとんどの人が経験するものですよね。

「政治」と聞いて及び腰になる人や無関心の人も、舞台を「学校」に移し替えれば身近に感じてくれるはずです。「政治＝壮大なスケール」「学校＝身近すぎる」と感じるかもしれませんが、政治とは結局は人間の集まりによる営《いとな》みです。

数が多いか少ないか、空間的に広いか狭いかの違いは本質的なものではありません。エッセンスを凝縮すれば、学校という小さなコミュニティで行なわれていることと、政治で行なわれていることは、じつは同じなんです。学校では数百人規模の「政治」が、国政では1億人規模の「政治」に、数が増えただけです。繰り返しますが、政治の本質は数ではありません。

さあ、前置きはここまでです。

いざ、多様な仲間が集《つど》う〝学校〟へ、飛び込んでみましょう。1億人規模の「政治」の世界を、数百人規模の「学校」に移すことで、他人事《ひとごと》ではない「自分事」として政治を体感していただけると嬉しいです。

13歳からの政治の学校

もくじ

はじめに

「政治」を根本から考える必要性　3
権力者に「NO!」と言える国、ニッポン　6
水と安全が〝タダ〟で手に入らない時代がやってくる?　10

第1章

「民主主義」って何ですか?

▼血を流すことなく、現状を変えられる力です

「ブラック校則」を生徒が変える、それが「政治」の力　22
「政治なんて興味ない」では自分が損をする　28

黙っていても権利は得られない　32
あなたに代わって政治を行なう「政治家」の誕生　37
全員による「直接民主制」、代弁者を選ぶ「間接民主制」　40
日本の政治家はお金をもらいすぎ？　46
政治家でいい暮らしの日本、ボランティアの西欧　51

第2章

なんで「選挙」が大事なんですか？

▼政治家にプレッシャーを与えるためです

「公職選挙法」の抜け穴　60
賄賂はダメ、要望はOK　63

「シルバー民主主義」はなぜ起きるのか 68
政治家は「選挙に行かない有権者」を無視する 72
「あなたの1票」は政治家へのプレッシャーになる 75

第3章 なんでネット選挙できないんですか？

▼与党政治家は、無党派層に選挙に行ってほしくないからです

将来世代のことを考えるのが本当の政治家 82
政権に緊張感を与える、だから「政権交代」は必要 86
政治家を新陳代謝するための3つの提案 91
ネット投票が進まない本当の理由 98

候補者名連呼の選挙から、政策重視の実のある選挙へ　103
政治家の身分が固定化しないために　108

第4章

なんで日本では「首相」を直接選べないんですか？

▼そのほうが国会議員にとって得だからです

ルール（法律）をつくる「国会」、実行する「内閣」　112
首相のとっておきの切り札　116
なぜ日本では「首相」を直接選べないのか　122
トップが独裁化したときにリセットできる仕組み　127

首相は直接選べないが、地方リーダーは直接選べる　130
日本の首相は国会議員のほうを向いている？　134
なぜ日本の政治では「派閥」が力を持つのか　140
政治家のレベルをどう上げる？　146

おわりに　151

第1章

「民主主義」って何ですか？

▼

血を流すことなく、
現状を変えられる力です

「ブラック校則」を生徒が変える、それが「政治」の力

「ツーブロック禁止」「ヘアゴムは黒か茶のみ」「下着は白」など、学校側が生徒の身だしなみや振る舞いを細かく規定する「ブラック校則」が昨今、問題になっています。

以前から日本の学校では、学生らしい品位や清潔さを求め、派手な服装を戒《いまし》める風潮がありました。でも、教員がスカートの長さを測ったり、髪の毛の色や巻き方が〝天然〟であることを証明するために「地毛証明書」の提出を義務づけるのは、いくらなんでもいきすぎですよね。

ちなみに僕の息子が小学生のときには、「ランドセルが重い」問題が深刻でした。宿題で使わない教科書類もすべてランドセルに詰めて持ち帰るので、ランドセルの重みが子どもの背中にずっしりのしかかってくるのです。

そうした訴えを受け、いまでこそ文部科学省も教科書を教室に置いて帰るいわゆる「置き勉」を認可・推奨するようになりましたが、当時はまだ「置き勉」は学校では認められていませんでした。

「教科書を毎日持ち帰るのがしんどい」と言う息子に対し、僕はこうアドバイスしました。

「そんなんやったら、学校で話し合ったらいいやんか」と。

当時の僕はまだ大阪府知事・大阪市長という現職だったので、親の立場から「うちの息子がこう言っている」と学校に申し出るのは差しさわりがありました。

なによりも、問題があるなら当事者である子どもたち自身がまず考え、学校側と相談・交渉するのが筋だろうとも思いました。そうした体験は、大人になる前段階として良い経験にもなるでしょう。

しかし、結局は面倒くさかったのか、目立ちたくなかったのか、息子は何も行動を起こしませんでした。「学校側と相談・交渉する」ノウハウがわからず、同じ意見を持つ仲間を集めるのが難しかったのかもしれません。

ここで言いたいのは、彼が行動を起こさなかったことではありません。そうではなく、**「ルールは本来、変えることができる」**ということです。

もちろん、変える理由がしっかりあれば、の話ですが。

「人を傷つけてはならない」「暴言を吐いてはならない」といったルールは変える理由はないでしょう。でも、「髪の毛の色は黒でなくてはならない」「前髪は眉より上でなくてはならない」「ポニーテール禁止」などの〝ルール〟に絶対性はありません。

世界を見渡せば、黒髪、金髪、ブルネットなど、髪の毛の色が一様でない国はいくらでもあります。前の席の子がポニーテールだと、後方の席の子たちの集中力が著《いちじる》しく削《そ》がれるのでしょうか。すでに制服着用というルールを受け入れたうえに、さらにヘアゴムの色や髪の毛の色まで細かく規定されることの正当性は、どこまであるのでしょうか。

日本国憲法の第13条では**「個人の尊重と公共の福祉」**について書かれています。そこでは、国民一人ひとりが個人として大切にされなくてはならないこと、自分らしさについて国や他人から過干渉されることなく、自分で決めることができる権利があることが示されています。

ただ、「自分らしさ」が他者の権利を侵害するようでは困ります。あくまでも「公共の福祉に反しない限り」＝「他者の権利を侵害しない限り」という注意書きがなされているわけですが、要するに「ほかの人に迷惑をかけない限りは、自分らしく生きていいよ」ということです。

もちろん、世の中にはＴＰＯがありますが、いま述べたような〝校則〟を無条件に受け入れ続ける必要はなく、校則を守るべき理由、変えるべき理由をしっかり考えていかなくてはならないのです。校則を絶対的なものとして受け入れ、思考停止することがいちばん良くないことなのです。

日本人は真面目です。規則やルールを与えられると、ちゃんと守ろうとする。その真面目さが、日本の治安の良さや清潔な街並みを実現している面もありますが、「上から言われたことはすべて無条件に従う」姿勢は、必ずしも美徳とは言えません。

では、どうすればいいのか。**あまりに「おかしい」と感じるルールや、理不尽な校則なら、きちんと言葉で疑問を呈し、改善策を提案すればいい。**

先生に、「なぜこの校則が存在するのか」を質問し、その校則を存続させる意味がはたしてあるのか、学校側と生徒側で話し合えばいいのです。

話し合いの際、大切なことがあります。それは、たった一人で突っ走ったり、暴力で解決しようとしたりしないこと。

仮に校則が理不尽だったとしても、一人で規則を無視すれば、違反者や不良として罰せられるかもしれません。内申書に響くかもしれないと危惧《きぐ》する人もいるでしょう。

ましてや、先生に注意されてかっとなり殴ってしまった……などの暴力行為は最悪です。結局、暴力を振るうほうが悪い、となってしまいますから。

僕らがすべきことは、「きちんとした手段とプロセス」に則《のっと》り、暴力に頼ることなく行動で示すこと。コミュニティで既存のルールや前例を変えたいのであれば、冷静かつ論理的に改革案を提示し、是非を問う作業が必要です。

できれば意見を共にする仲間を見つけ、彼ら彼女らと協力して実行に移すのが望ましい。それこそが「政治」の力です。

現状を良い方向へ改革していくプロセスである「政治」を使って、現実を変えていく。仲間と共に正しいプロセスを踏めば、校則も世の中も変えていくことができる。

この大前提から、まずはスタートしましょう。

「政治なんて興味ない」では自分が損をする

「政治」と聞くと、さっと身構えてしまう人が大勢います。

僕はときどき、政治に文句を言っている人たちに「だったら、一度ご自身が政治家になってみたらどうですか？」と、嫌味ではなく本心から声をかけることがあります。すると、ものすごい勢いで「いやいやいやいや！」と返ってくる（笑）。

「僕なんかそんな器《うつわ》ではありませんよ」

「私はそういうタイプではないので」と。

でも、そうでしょうか？　本当に一度「政治」に関わってみるといいと思うんです。実際の経験からすると、たしかにかなり大変ですが、やっぱりやりがいはありますし、自分たちの手で社会をつくっていくんだという意識が生まれます。大変さに見合うだけのやりがいや面白さは十分にありますよ。

この点、「政治家」という肩書こそつかなくても、じつは僕ら国民は何かしらの形で「政治」に関係しています。

なにもテレビの国会中継や報道番組で目にするばかりが「政治」ではなく、**日常生活の至る所に「政治」は隠れている**んです。

たとえば、学校の校則を変えようと奮闘する生徒たちの努力も「政治」ですし、自治体を良くしようと町内会の大人たちが話し合うのも「政治」です。学校運営に協力する保護者と先生たちが行なうＰＴＡ活動もある意味「政治」ですし、企業やＮＰＯの活動も「政治」と強く結びついています。

「俺は政治なんて全然興味ないね」

「私は政治なんてよくわからないから」

そんな人も、生きていく限り、「政治」と無縁ではいられないのです。

いま日本国民は満６歳で小学校に入学し、中学校卒業までの９年間を義務教育機関で過ごします。それは政治家たちが、それが妥当であろうと考え、決めたからです。

　選挙権が与えられるのが18歳で、飲酒や喫煙が許されるのは20歳からと決まっているのも、政治家たちがそう決めたからです。18歳になれば、学校でも政治の仕組みを勉強し、自らの頭で政治家を選ぶ判断力がついているだろう。とはいえ10代の飲酒や喫煙は健康を害する危険性があるから、それらは20歳以降にしたほうがいいだろう。そんなふうに話し合われた結果です。

　あなたが社会で働くようになれば、働いて得た所得から所得税・住民税や国民（厚生）年金の保険料、健康保険料や介護保険料が引かれていきます。そうした仕組みを整えたのも、政治家たちが、社会を維持するためにベストな方法であろうと定めたからです。

　反対に、突然職を失ったり、病気や怪我《けが》や高齢で働けなくなったりしたら、傷病手当や年金制度などで生活基盤が保障されます。それも政治家たちが話し合い、検討した結果です。

一方でいま、日本の政治家たちが多額の裏金をつくり懐《ふところ》に入れても罰せられないのは、政治家たちが、それで良いと決めたからです。日本の社会を良くするために働くのが政治家ですが、同時に政治家のもとに多額のカネが集まるようになってしまったのも、日本の政治家たちがそれを良しとしてきたからです。

別の言い方をすれば、「政治家のもとにカネが集まるのはおかしい！」と声を上げ、現状を変えたいならば、自分たちが積極的に政治に参加していくしかないのです。

政治は、生きています。 有史以来、固定化された「政治」が何百年、何千年と続いてきたわけではありません。僕らがいま日本社会で当たり前のように使っている「政治」という言葉と概念は、たかだか戦後80年くらいで築かれたもの。戦前、あるいは明治時代には、まったく異なる常識のもとで、政治は運営されてきたのです。

政治はその時々の国や地域、時代、政治家や国民の考え方で変容していくものです。

一度つくったルールや仕組みは、できた当初には最適だろうと思われていたかもしれません。でも30年、50年が経てば「やっぱり間違っていた」「理想と現実は異なっていた」、あるいは「世の中が大きく変わった」と気づくこともあるでしょう。

だから**僕らはつねに「政治」に参加し続けなくてはなりません。**政治家だろうと、一般市民だろうと、政治に興味があろうとなかろうと、「いまの政治はこれでいいのか」「未来もこのシステムでいいのか」を考え、意見を言い続けなくてはいけないのです。

黙っていても権利は得られない

僕は日頃、「政治」に対してアレコレ注文をつけています。「これが良くない」

「あれが良くない」と、コメンテーターとしていろいろ難癖もつけています。

でも、いまの日本の政治の仕組みは総じてよくできていると思っています。政治家たちもいろいろ賛否両論はありますが、頑張っている人も多くいます。

もちろん１００点ではありません。変えなくてはならない仕組みもたくさんあります。

とはいえ、日本の政治は、間違っていると感じれば国民が「ＮＯ！」を突きつけることができる。政治を行なうメンバーを替えることができる。政治家から権力を取り上げることができるんです。

しかもそれを殺し合いではなく、投票という行動によって。「はじめに」でも言いましたが、とにかくこれが素晴らしい。この仕組みを絶対に失ってはいけないのです。

日本では、国民は18歳になったら「選挙権」をもらい、投票を行なうことができます。「俺はこういう政治がいい」「私はこんな人に日本を引っ張ってもらいたい」と、思いを託す人物を選ぶことができます。もっと重要なのは、**「この政治家は嫌だ」という者を落選させることできる**ことです。

この仕組みは当たり前のように見えて、決して当然ではありません。世界を見渡せば、「あの政治家、嫌だよね」と言った瞬間、収監される国があります。政治に異議を唱えたり、発売が禁止された本を持っていたりしただけで収監される国もあります。推しの音楽を聴きドラマを見ただけで、学生が捕まる国もあります。

現在のロシア、中国、北朝鮮、アフガニスタンなどはそうですよね。国のトップが決めたことに異議を唱えれば、それだけで命を奪われかねない。暴力を振るわない平和的なデモが軍隊に駆逐《くちく》される……。そんな国はいまだに世界にたくさんあります。

僕らが21世紀の日本で享受《きょうじゅ》している「民主主義」というシステムは、じつは世界では決して多数派ではありません。世界人口の約7割の人たちは、いまも独裁的な専制主義国家に属していることを僕らは忘れがちです。

実際、ロシアによるウクライナ侵攻に関しても、欧米諸国は猛烈に非難していますが、東南アジアや中東、アフリカ諸国からは、そうした声は強く聞こえてきません。

では、そうした国々を前時代的であり、僕らとは異質の残虐《ざんぎゃく》な国々と断じることはできるでしょうか。日本だって戦前は、国家に背《そむ》くことをつぶやけば、非国民として逮捕されていました。

いまロシアやアフガニスタンを非難しているフランスやドイツも、なにも初めから「民主主義国家」だったわけではありません。フランス革命やドイツ革命を経て、多くの人が血を流し、命を失いながら、必死に「民主主義」を獲得してきたのです。

僕らはいま、学校のルールを変えるために血を流す心配はありません。国の政治を変えるために、生命を賭《と》す覚悟も必要ありません。

せいぜい、国や学校の規則に興味を持ち、理不尽なことがあれば「おかしい！」と声を上げればいい。そして規則を決める立場にある人びとと話し合い、交渉する努力をするだけでルールを変えられるのです。

学校は社会の縮図です。いまだに多くの学校でブラック校則が存在し、教師と生徒がゆがんだ主従関係にあるのは、「声を上げる」人間が育っていない証拠です。上の言うことに従順に従い、おかしいことも「おかしい」と言わない（言えない）子どもたちは、社会に対しても政治に対しても、「おかしい」と言わない（言えない）人間に育ちます。

だからこそ、**学校で「ルールは自分たちで変えられる」ことを実体験してほしい**。変えたい現状があるならば、おかしなルールがまかり通っているならば、声を上げて現状変更を目指してほしい。

黙っていても現実は変わらないし、ブツブツ文句を言っているだけなんて、もっとカッコ悪い。「どうせ現実は変わらないよ」なんて思ってほしくないんです。

学生生活の間にこそ、おかしいことは、自分たちの「政治」の力で変えられること、それが健全な民主主義社会であることを皆さんにぜひとも知ってもらいたいのです。

あなたに代わって政治を行なう「政治家」の誕生

さて、政治の力を知ってほしいと言われても、実際にどうやったら「政治の力」とやらを発揮できるのでしょう。

自分自身の手で理想を実現したいなら、**ぜひ自らが政治家を目指して立候補してほしい。**学校ならば、**生徒会長に立候補してほしい**ということです。

「そんな、いきなり会長は無理だよ」という場合は、生徒会メンバーでもクラスの学級委員でも構いません。少なくとも**傍観者でい続けるよりは、政治の実行者として名乗り出てほしい。**

すると何が変わるか。まず自分の仲間が見つかります。意見や志を同じくする仲間に出会え、学校側と交渉のテーブルにつく権利を得られます。

実際に話し合いに参加すれば、なぜ学校側がそういう校則を定めているのか、本心や事情も見えてくるかもしれません。交渉の余地が見つかるかもしれません。そんな変な校則を定めるよりもっと効果的で、もっと皆が喜ぶ提案ができるかもしれません。少なくとも、教室の片隅でブーブー文句を垂れているだけよりも、断然やりがいはあるはずです。

でも、もし自ら政治はできない、自分の時間も大切にしたいし……という場合は、**生徒会や学級委員の意見にじっくりと耳を傾け、自分の思いをその人物に託してください**。

18歳以上であれば、「**選挙**」**に行ってください**。我こそはと名乗りを上げる立候補者たちの顔ぶれを眺め、彼らの主張を聴き、自らの意見を委《ゆだ》ねる人物を選んでほしいのです。

「お前に俺の意見を託す」

「私たちの代弁者になってほしい」

そう行動を起こしてほしい。

自分の意見を代表者に託すシステム、それが「選挙制度」です。

100年前なら、「政治を変える」ために多くの血を流すしかなかったかもしれませんが、いまはそんな心配はいりません。いまはかさぶた一つできる心配もいりません。

だからせめて、誰に政治を託したいか、それくらい考える時間は持ちましょうよ。あなたに代わって、あなたのために政治を行なうメンバー、それが「政治家」です。

誰だって持てる時間は1日24時間しかないし、身体も一つしかありません。学業や仕事をして、友人や恋人と遊び、趣味の時間を持ち、家族との時間を大切にすれば、もはや余る時間なんて微々たるもの。

いくら政治に関心を持てと言われても、四六時中「政治」に興味を傾け続けることが難しいことくらい僕もわかっています。

だからこそ、あなたの代わりに「政治」を真剣に考え、学び、知識を駆使して実行する人物を選んでほしい。そのための仕組みが、日本では十分に整っているのですから。

全員による「直接民主制」、代弁者を選ぶ「間接民主制」

では、「あなたの代わりに政治を行なう」仕組みを見ていきましょう。現代の日本を含む民主主義国において「民主主義」を実践する方法は、主に2種類存在します。

「直接民主制」と、**「間接民主制」**です。ある議題に関して、全校生徒（全有権者）の意見を聞く方法が「直接民主制」です。

一方、各議題を全員に問うのではなく、生徒の代弁者を選び、彼ら彼女らが集まって話し合う生徒会（議会）に決定権を預け、討論して決めてもらうのが「間接民主制」です。

先に学校の「置き勉」の話をしましたよね。教科書などが重すぎてランドセルが児童の負担になっているからどうにかしたい。だから「置き勉をするのはどうか」という意見や、「ランドセルより軽量の布リュックを許可したらどうか」という意見が出たとします。

そうした際、生徒全員に「どちらがいいですか？」と問いかけ、全校生徒から票を集計するのが「直接民主制」のやり方です。

ただし、このアプローチ方法には問題があります。議題がせいぜい「ランドセルが重い」一つだけならいいのですが、ほかに議題がいくつもある場合、全校生徒がすべてに対応しきれないという問題です。

たとえば、「下着の色を教師がチェックするのはおかしい」「ツーブロック禁止はおかしい」「ポニーテール禁止はおかしい」など複数の問題が出てきたとき、**すべての問題で全校生徒に問いかけて票を取っていたら、キリがありません。**

みんな学業もあるし、部活もある。友だちと遊んだり塾に行ったり忙しいのに、一つひとつの議題について問いかけていたら、毎日が全校集会、投票続きになってしまいます。

あるいはこれがまだ校則だけの話なら、議題も10本の指で事足りるかもしれません。

でもこれが国政レベルになったらどうでしょう。教育、医療、育児、経済、社会保障、防衛などなど……ありとあらゆる分野の課題について、すべて国民に問いかけていたら、365日の大半が国民投票続きになってしまいます。

しかも、**誰もがこれらの問題について専門家レベルの知識を持っているわけではありません。**国民がすべてのテーマについて一から調べ、考えていくのは非効率的すぎます。

かといって、よく知りもしないのに適当に投票されたら、日本の未来はとんでもないことになってしまいます。

だから特定の信頼のおける人物たちを選出して、彼ら彼女らに各専門分野について学んでもらい、議論してもらって決めてもらう。それが「間接民主制」の考えです。

ちなみに日本は「間接民主制」を採用していますが、スイスは「直接民主制」を採っています。

では、なぜスイスでは「直接民主制」が可能なのでしょう。

「直接民主制」のほうが、一つずつ丁寧に民意を問うているため、より民主的なイメージが強いかもしれませんが、必ずしもそうとは言い切れません。

日本とスイスの根本的な違い、それは人口規模です。日本の人口は約１億２０００万人ですが、スイスは８８０万人程度。スイスほどの規模なら「直接民主制」も可能です。

でも、1億2000万人ともなると（有権者数はもっと少なくなりますが）、一つひとつの議題に関して直接投票を行なうのは、現実的ではありません。

だから学校の場合も、たとえば学年単位、学級単位なら、「直接民主制」でもいいかもしれません。でも、学校全体となると、難しくなってきます。

ただし、面白いことに「直接民主制」を採用するスイスも、「間接民主制」を採用する日本も、近年は選挙事情が似通ってきています。スイスの場合も全部の案件を直接投票して国民に問うわけではなく、ある程度政治家の判断に委ねることが増えているんです。

反対に日本でも、基本的には政治家たちがさまざまな分野を検討、決断していますが、一部に関しては国民に直接問いかける「直接民主」的方法を採ることも増えています。

たとえば、原発建設の是非や、図書館建設の是非、病院廃止の是非などが各地の自治体で住民投票にかけられています。

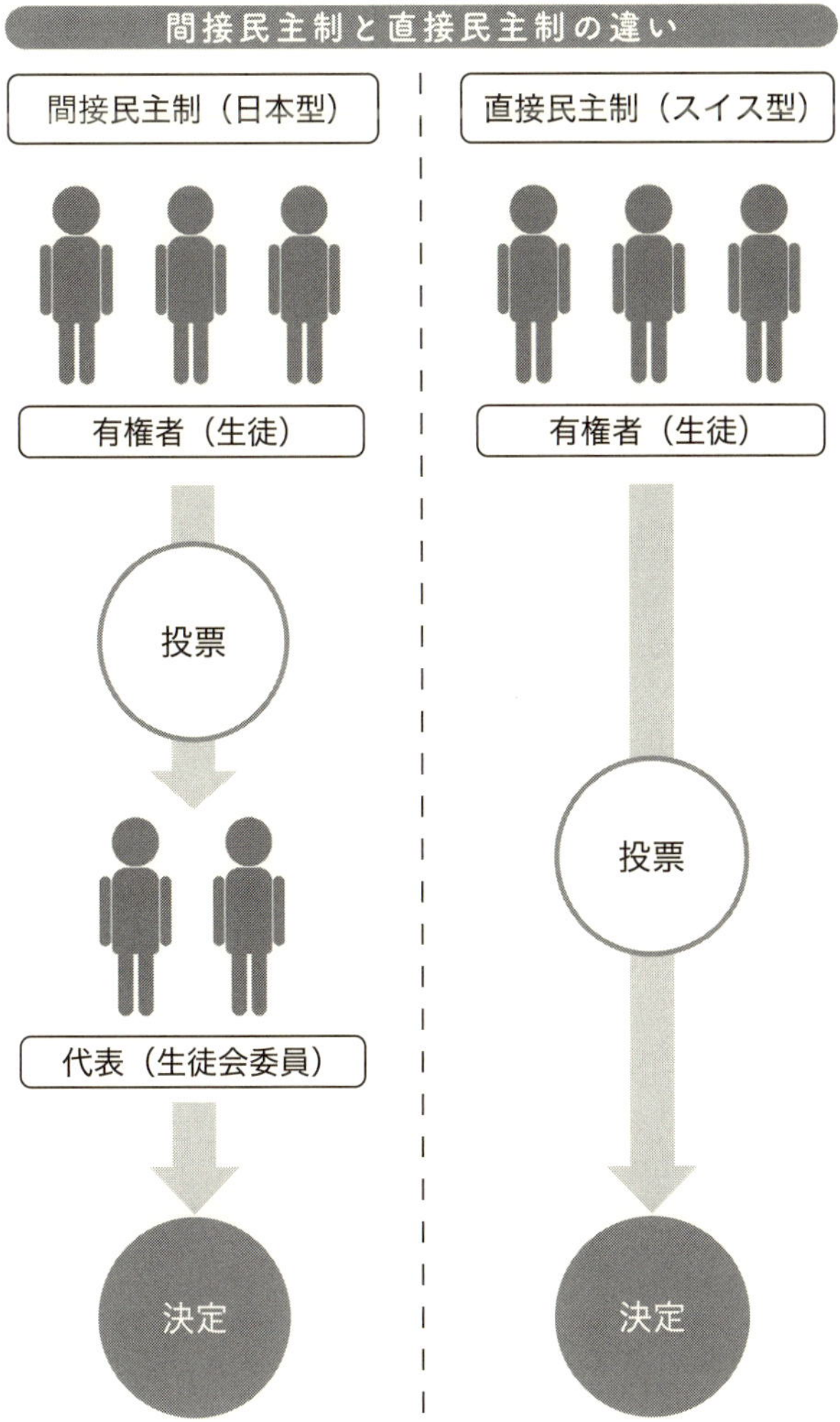

間接民主制と直接民主制の違い
間接民主制（日本型）
有権者（生徒）
投票
代表（生徒会委員）
決定
直接民主制（スイス型）
有権者（生徒）
投票
決定

僕がかつて提唱した「大阪都構想」も、最終決断は政治家ではなく、大阪市民の皆さんに担っていただきました。住民投票の結果「否《いな》」という結論に至ったので、政治家・橋下徹の目指したビジョンは潰《つい》えたわけですが……。それでも住民の皆さんに直接関係する大切なことですから、住民投票をして良かったと思っています。

人びとの生活に直結する大事な問題、かつ高度で専門的な事柄ではなく大きな方向性を決める議題は直接投票を行ない、日常の細かな議題は政治家たちに考えてもらう。これがいまのところ、一つの妥当な方法なのかもしれません。

日本の政治家はお金をもらいすぎ？

さて、「政治家」とは国民の信託を受け、国民の要望を実現する人びとのことだという話をしてきました。昔は「代議士先生」などと呼ばれ、尊敬を集めた職業でした。

ところがいまはどうか。昨今の裏金問題もあり、必ずしも「政治家」＝「人びとの尊敬を集める職業」ではなくなってきています。

日本には二世・三世議員も多くいます。親や祖父、親戚から、「三バン」と呼ばれる「ジバン（地盤）」「カンバン（看板）」「カバン（鞄）」を受け継ぐ彼らは、生まれながらにして、選挙区・知名度・資金を持ち、有利に政治活動を始めています。

学校でたとえるなら、地元に古くから住む名士の家庭の子どもたちが、その知名度と財力をもって代々生徒会を支配しているようなもの。

まだ何者でもないし、実力すらわからない若いうちから、「いずれ親父の跡を継ぐのだろう、頑張れよ！」「お前の親父も、祖父も生徒会長だったんだぞ」と地域住民から期待をかけられ、当然のように役職に就《つ》いていくようなものです。

日本ではとっくに貴族階級制度は廃止されたはずなのに、じつに不思議な現象です。

ただ、生徒会長の場合にはいくら名士の家庭の子どもであっても、発言力・行動力が求められるでしょう。子どもの世界のほうがじつにシビアに人物評価がなされます。学校での人望や責任感、行動力、理性、思考力、発言力、ユーモア、皆をまとめる力があることが求められます。

ところが**政治家の場合、お金をどれだけ仲間に配るかが重要な評価ポイント**とされるのです。

政治家ではない方々は、友だちや仲間をつくるのにどのようなプロセスを経ますか?

クラスや部活で意気投合して、話してみるととても面白いし、似たような考え方を持っている。では放課後遊ぼうか、休日に遠出してみようか、ご飯を食べながら喋ろうか、となるのではないでしょうか。

人は、飲食を介せばより仲良くなれるものです。会議室でかしこまって話すよりも、美味しいものを食べながら語り合ったほうがずっと楽しいし、ジョークや雑談も飛び交い、より親しくなったような気がしますよね。

じつはリアルの政治家たちも同じことを感じ、実際にやっているんです。国会や勉強会なんかで真面目に語り合っているだけではなく、夜になればレストランや料亭で飲み食いしながら、「政治」の話をしています。

より本音の出やすい場所で、政治を語ることのメリットはあるかもしれません。日本では「国対政治」といって、公《おおやけ》の議会で議題に上がる前に、与野党があらかじめ方向性を話し合うことで決着の道筋をつける政治スタイルが長年続けられてきました。

彼らが話し合うのも、公ではない飲食を介した場であることが多い。そうなると、「０円」では政治は行なえない、という論理になってくる。

多額なお金を費やすことで人間関係を構築していくから、日本では「政治にはカネがかかる」という論理がまかり通ることになるのです。

日本の「政治家」は職業として「政治」を行なう代わりに、対価として給料（歳費）をもらいます。年収は、地方議員なら平均1000万円ほど、国会議員なら平均2000万円を超えます。日本の国会議員の給料は、先進国のなかで最高水準とも言われています。

政治家は自治体や国の重要事項を決定する責任ある仕事ですから、ある程度高い給料をもらうことに僕は必ずしも反対しません。

ただ、国会議員は給料とは別に、月100万円（年間1200万円）の「調査研究広報滞在費」（旧・文書通信交通滞在費）というものが自動的にくっついてきます。

加えて、政党から国会議員個人にあてて「政策活動費」なんてものも入ってくるし、政治資金パーティー券を販売したら、売上の一部が自分の懐に入ってくるなんて仕組み（キックバック）もありました。

しかも、給料以外のこれらのお金が国会議員のところに入ってくる際には税金を取られることはありません。税金は0円です。これらのお金を使っても、きっちりと領収書を集めることなく経費に算入されます。

つまり、使い道が完全に自由なブラックボックス状態です。民間企業なら考えられないでしょう。

たとえるなら、1年間に何回も巨額のお年玉をもらえてその使い道は自由、税金はまったく払う必要なしというようなもの。それもこれも全部、「政治にはカネがかかるから必要だ」という論理でまかり通ってきた仕組みです。

政治家でいい暮らしの日本、ボランティアの西欧

先ほど、生徒会やPTA活動もある意味「政治」だと言いましたが、こうした「政治」は基本的にボランティアです。

昨今はPTA活動の大変さが話題になっています。最大の問題は、負担や責任

がそれなりにあるのに無給だという点です。

仕事や介護に育児もある、家庭での雑事が山ほどあるなかで、ＰＴＡ活動のための時間を捻出《ねんしゅつ》して学校に行かなくてはならない。誰かがやらなければならないのはわかるけど、正直やりたくない……というのが本音の人が多いのではないでしょうか。

生徒会も学校内での活動ですから、もちろんボランティアです。塾や習い事、部活もあるなかで、どうバランスを取っていくのか大変な部分もあるでしょう。

ところが「政治」が本職である「政治家」は、ボランティアではありません。それどころか先ほど言ったように、かなりの額のお金がもらえます。

そのお金のほとんどがちゃんと「政治」のために使われていると僕も信じたいですが、いかんせん領収書も確定申告もない以上、自己申告をどこまで信じられるのか、という疑問は残ります。真相は本人にしかわからないのですから。

日本の政治家、とくに国会議員が得られる特典は、お金だけではありません。

国会議員の特典

給料	年収は平均2000万円超え（先進国で最高水準）
手当	100万円の「調査研究広報滞在費」が毎月支給（非課税）
新幹線	乗り放題（グリーン車も無料）
飛行機	規定の選挙区と東京の往復飛行機代が月３回まで無料
海外出張	大使館や領事館の職員がアテンド

国会議員になれば、新幹線に乗り放題、グリーン車も無料。京都・大阪・奈良から西、あるいは岩手・秋田・山形から東の選挙区の国会議員たちは、選挙区と東京の往復飛行機代が月３回まで無料です。

海外へ行けば、日本の大使館職員や領事館の外務省職員がアテンドしてくれます。偉い地位に就けば、電話一本で職員が駆けつけてきてくれて、疑問があれば丁寧に答えてくれる。地方では「先生」と呼ばれる……要するに「特別扱い」です。

国会議員になれば一目置かれ、特別扱いされ、ちやほやされる。

仮に生徒会役員は報酬が年間100万円ついて、電車も飛行機も乗り放題、どこに行っても「会長！」とちやほやされ、贈り物も自宅に届くとなったら……そりゃあ留年してでも、そのうまみを手放したくはありませんよね（笑）。

まさにその状態が、日本の政治家、とくに国会議員が得ている特権です。

ところが、こんな国会議員にとってウハウハな制度は、先進諸国では日本くらいです。さらに西欧諸国では、地方議員の多くはボランティアです。

たとえば、フランスの地方議員は無報酬が基本で、ほかに仕事をして収入を得ています。

イギリスもロンドン議会議員以外は原則無給。彼らにとって「政治家」というポジションは名誉職に相当します。

イタリアは働いた分だけ日当が支給されますが、決して高給取りではありません。議会で居眠りなんかしていては、その日当ももらえないのではないでしょうか……。

スウェーデンも地方議員は原則無給です。彼らもほかに職業を持つ兼業政治家です。

ドイツでは、地方議会は原則夕方から開かれるそうです。議員たちが、それぞれの仕事を終えてから参加できるように。

要するに、**「政治にはカネがかかる」という日本の常識は世界の非常識**だということです。

政治家、とくに国会議員になれば、高級レストランや高級料亭に通い、高価なワインや土産物を贈り合う……たしかにそんな日常を送っていれば、いくらお金があっても足りないのは当然でしょう。

でも、そんな「政治」はもうやめにしましょうよ。町内会も学校のＰＴＡも、生徒会も基本的に無報酬のボランティア。「そんなものと実際の政治は次元が違う！」と言うならば、西欧先進諸国の地方議会はどうなるのでしょうか。

日本だけが「カネがないと政治ができない」と言い続けるわけにはいかないで

しょう。

もちろん、いきなり無報酬にすることはできなくても、少なくとも「政治家をやれば民間にいたときよりもはるかにいい暮らしができる」という状態は改善すべきです。

だいたい税金も払わないで済むお金を年間数百万円、数千万円、時に数億円レベルで手にできる専業政治家が、一般国民と同じ感覚で社会を見ることができるでしょうか？

仕事がない人、働きたくても働けない人、生活が苦しい人の感覚を、我が事のように感じられるでしょうか？

「政治」は、この世の中を良くするために必要不可欠なプロセスです。

本来、国民全員が関わるべき作業ですがそれが現実的ではないため、一部の「政治家」に託し、実現してもらう間接民主制を日本は原則としています。

つまり、**一般の国民の感覚と政治家の感覚が近づかなければ良い政治はできま**

せん。

その原点に立ち戻り、もう一度「政治とは何か」「政治家とはどういう存在か」を、皆で考え直す時期にきているのではないでしょうか。

第2章

なんで「選挙」が大事なんですか？

▼

政治家にプレッシャーを
与えるためです

「公職選挙法」の抜け穴

僕らの日常生活を守り、社会を設計していく仕事が「政治家」に託された役割です。では、その政治家を選ぶためのプロセスとは何か。そう、「**選挙**」です。

僕らは政治家の行ないをチェックし、おかしければ正す必要がありますが、同時に「選挙」そのものの不正もしっかり監視していく必要があります。そうした選挙のルールを定めたのが「**公職選挙法**」です。

生徒会やPTAのようなボランティア方式ならまだしも、一度政治家になればさまざまな恩恵を味わえるとなれば、選挙のたびに当選したくなるのが人間の欲望というもの。

彼らにとって**いちばん怖いのは、「次の選挙」で負けること**です。なんとしてでも再選されないと、これまで得られてきた特権やお年玉も全部なくなってしまいます。「政治家」という職を失ったら、〝タダの人〟です。

だから失職しないために、あらゆる手を尽くさなくてはなりません。皮肉なことに、**政治家にとって最大の関心事は「政治生命を維持すること」**になってしまうわけです。

では、「選挙」で選ばれるためにはどうすればいいでしょう。いちばん手っ取り早い方法として人が考えやすいのは**「買収」**です。有権者に向けて、現金や金券、高価な物品をプレゼントしながら、自分に投票してくださいとお願いする。

学校なら、「俺に1票入れてくれたら、1年間ジュースを奢《おご》ってやる」などとアピールするようなことでしょうか。

当然、受け取った相手は「もらった以上は、あいつに票を入れないと悪いよな」となりますよね。具体的な政策よりも、その人が政治家に向いているかどうかよりも、貸し借りや義理人情で票を投じてしまう……。そんなことが起きないよう、「公職選挙法」では選挙買収はご法度《はっと》となっています。

お金の受け渡しがまずいのであれば、相手の要望を聞いてあげるのはどうでしょう。

「俺に票を入れてくれたら、お金やジュースはあげられないけれど、代わりにお前ら運動部が望んでいる運動場の整備や備品調達を学校側に働きかけてやるよ」という場合。

これは許される行為でしょうか？　許されない行為でしょうか？

じつは許されるんですね。現在の公職選挙法では、こうした行為は違法ではありません。

これは当選後の政策の約束、ある意味公約みたいなものです。

政治家たちが選挙でマイクを持って演説する際の柱は、当選後の政策です。そしてその政策に賛同する者が投票する。

いま述べたのは選挙そのものですが、当選する前に有権者に利益を配ったら選挙買収とみなされてアウトになります。

賄賂はダメ、要望はOK

有権者が当選後の政治家にいろいろとお願いをすることがありますが、その際にお金を渡すと「賄賂《わいろ》」になってアウトです。いわゆる贈収賄《ぞうしゅうわい》罪ですね。

生徒会が各クラブ（部活）に対する何らかの権限を持っているとします。体育祭のときの行進の順番を決めるとか、部室を割り当てるとか。

その場合に、サッカー部の部長が生徒会長に「サッカー部の行進の順番を一番にしてほしい」「部室を校舎に近い1階に割り当ててほしい」という要望を行ない、手に入りにくいコンサートチケットを渡した場合には、賄賂の授受として完全にアウトです。

ところが、「サッカー部単体」はダメでも、「運動部全体」の要望ならOKになることもあるのです。

政治家が特定の一企業から献金を受けて便宜を図ることは違法ですが、一企業が属する業界全体の場合は許されることがあります。

お金の渡し方に工夫を凝《こ》らすのです。すなわち、**毎年決まった時期に政治献金していれば、その間に自分たちの要望を行なってもお咎《とが》めなし**。

これが、政治とカネの問題でしばしば批判される「企業・団体献金」というやつです。

もちろん、あからさまなものはNGですが、いくらでも抜け穴があるのが政治とカネの問題。ゆえに政治とカネのルールである政治資金規正法は「ザル法」とも言われるのです。

業界団体、あるいは経済団体は、団体全体として利害が一致する課題に対して、個々の企業の名前を出すことなく、政治家や政党に要望・提言をします。

経団連（日本経済団体連合会）や日本商工会議所、経済同友会、あるいは水産業、建設業、製造業、電気・ガス・水道業、不動産業、医療業など各種業界団体。こうした各種業界団体が政党に献金し、政治家や政党はその業界団体の利益になるような政治を行なう。このような互いに支え合う構造は、日本だけでなく各国で見られます。

また、政治家は資金を集めるために「政治資金パーティー」を開きます。「〇〇君を励ます会」とか「〇〇勉強会」とか、さまざまな名目をつけて〝パーティー〟を開き、お金を集める。これも合法です。

ちなみに、普通「パーティー」と聞けば、豪華な会場で飲食が提供されるものと思うかもしれませんが、政治資金パーティーは資金を集めるのが目的なので、料理は申し訳程度に並んでいたり、ごく普通の質素な会場だったりします。当然そのパーティー券を買う側は、政治家に対してさまざまな要望をします。

さらに、企業や個人から直接「献金」（寄附）も受けられます。企業から政治家個人への直接的な献金は違法となっているので、政治家たちは自分が主導権を握っている政党の支部に企業からの献金を受けます。まあ法律をいかようにも操って自分たちの利益になるようにしているのが政治家の実態です。

アメリカにも日本と似たような献金システムがありますが、大きく違うのは、「誰がどの政治家にいくら献金したか」がデジタル上で記録され、開示されていること。

特定の政治家を応援して「頑張れよ！」と言うのは正常な行為だとしても、もし特定の企業なり業界なりが巨額の献金をしていた場合、その政治家と企業（あるいは業界団体）が、違法・不正に癒着《ゆちゃく》していないか、国民がチェックできる仕組みが整っているのです。

ところが、日本の場合は、そこがオープンになっていないんですね。だから特定の業界団体・企業と政治家との癒着を生み出してしまいます。

なぜ癒着するとよろしくないかというと、多額の資金を用意できる大企業や業界団体がお金次第で政治家から恩恵を受けることになるからです。

学校ならば、部員数が多く動員力が高い体育会系のクラブは多額の部費を集めることができます。そのクラブや体育会系のクラブが集まった団体が金にものを言わせて、生徒会の決定に大きな影響力を行使することになるかもしれません。とくに自分たちの利益になるように。

いざ選挙となれば、運動部員が一致団結してビラを配り、ポスターを貼り、特定の人物に票を入れれば、それだけで推された候補者は当選し、生徒会はこのクラブや体育会系の団体に支配されることになるでしょう。

だけど、文科系の小さなクラブや、帰宅部や不登校の子たちの声は、生徒会になかなか届きませんよね。このようにして不平等・不公平が生じてしまいます。

実際の政治でも、一部の政治家が一部の企業や団体のメリットになるように動いていれば、形のゆがんだ民主主義になってしまいます。

「シルバー民主主義」はなぜ起きるのか

皆さんは、**「シルバー民主主義」**という言葉を聞いたことがあるでしょうか？

日本では若い世代の投票率が低く、投票所で見かけるのは、60代や70代の高齢者が圧倒的に多い。同じ民主主義でも、若者目線ではない、高齢者（シルバー）の意見に偏《かたよ》った社会になってしまっているということです。

日本はご存じのとおり、深刻な少子高齢化に直面しています。かつて団塊《だんかい》の世代と呼ばれた現在の70代、その子世代である第2次ベビーブーム期に誕生した50歳前後に比べ、いまの10代の数は激減しています。２０２３年の総人口比を見ると、65歳以上が29・1％を占めるのに対し、15歳未満は11・4％。

若者の選挙離れも深刻です。２０２１年10月に行なわれた衆議院議員総選挙における世代別投票率を見ると、60代の71・38％に比べ、20代は36・50％。

団塊の世代は若い頃に学生紛争を経験しており、政治に比較的関心が高い世代です。しかし、それより下になると、シラケ世代という言葉もありましたが、「政治離れ」、政治への無関心が進んでいきました。

では、「シルバー民主主義」の何が問題か。若者が選挙に行かないと何が問題なのか。それは、**政治家が「若者の声」を聴かなくなる**ことです。

選挙とは、「あなた（政治家）に票を入れるから、私（有権者）の代わりに私たちが目指す社会をつくってね」と託す行為だと話してきましたね。

ところがこの「託す」行為をしない、政治家を自らの代理人として選ばない、選挙に行かないとなると、どうなるか。

「政治には関心ないんだよね」「誰に入れても結局、同じでしょ」と投票所に行かないということは、「どんな社会になっても別にいいよ」と放り投げているのと同じです。

一方で、高齢者は選挙に行きます。「私たちの望む社会をつくってくれよ」

と、自分たちの願いを政治家に託している。

するとどうなるか。**政治家は高齢者のほうを向いて「政治」を行なう**ようになりますよね。「政治」を託してくれているのは高齢者ばかりなのだから、ある意味当然です。

高齢者の声を無視してしまうと、政治家は次の選挙で落選してしまいます。**政治家にとっては落選が最も怖い！**

せっかく18歳以上の国民すべてに投票用紙を配り、「あなたたちの代表を選んでね」と言ってくれているのに、若者たちはその紙をゴミ箱に捨てているようなものです。

これがどれほどもったいないことか。明治時代の「選挙権」は、税金を一定以上納めている高額所得の男性にしか与えられていませんでした。女性はおろか男性でも、低所得者層は政治家として立候補する資格どころか、投票する資格すらなかったのです。

選挙権の推移

選挙法改正年度	選挙権の資格	人口比率
1889(明治22)年	直接国税15円以上を納める満25歳以上の男子	1.1%
1900(明治33)年	直接国税10円以上を納める満25歳以上の男子	2.2%
1919(大正８)年	直接国税３円以上を納める満25歳以上の男子	5.5%
1925(大正14)年	満25歳以上の男子	20.0%
1945(昭和20)年	満20歳以上の男女	48.7%
2015(平成27)年	満18歳以上の男女	83.3%

そこから徐々に納税額基準が下がっていき、１９２５年にはようやく、納税額にかかわらず満25歳以上の男子なら誰でも選挙権を与えられることになりました。それでもまだ、女性は置き去りのままでした。

ようやく女性が選挙権を得たのは１９４５年で、翌１９４６年に男女問わず投票できる普通選挙が実施されました。戦後になってやっと、いま僕らに権利として与えられている普通選挙を実現することができたのです。

そして、２０１５年には18歳以上の

男女に選挙権が与えられ（2016年施行）、日本の人口の約8割以上が「政治」に参加できるようになりました。

日本の国籍を持つ18歳以上の男女なら、誰もが政治に参加できる。いまでこそ当たり前のこの権利を獲得するために、いったいどれほどの人びとの血と汗が流されたことか。

その努力と苦難の結晶を、いま多くの日本国民はいとも簡単にゴミ箱に投げ捨てているのです。これほどもったいないことはありません。

政治家は「選挙に行かない有権者」を無視する

高齢者の約7割は投票するけれど、若年層は3割程度しか投票しない。

だとすれば政治家たちの視線は、「高齢者7割」に向くと思いませんか？　だって、彼らこそが自分を政治家にしてくれているわけですから。

仮にあなたが「生徒会メンバーになりたい」と意気込み、校門で生徒一人ひとりにビラを配っているとします。

そのビラを読まずにあなたの目の前で捨てている人のために、あなたは働きたいと思いますか？　ビラを受け取り、熟読して「応援しているぞ、頑張れよ！」と声をかけ、実際に投票してくれる人のために働きたいと思いませんか？

政治家はよく「有権者の皆様のために」「国民の皆様の声を真摯《しんし》に受け止め……」と言います。でも、彼らは実際には「有権者の皆様」や「国民の皆様」全員を見ているわけではないんです。

彼らが大切にしているのは、**「選挙に行く有権者」**です。そして**「自分に投票してくれる有権者」**を最も大切にします。

「選挙に行かない有権者」など、政治家にとっては重要ではありません。「選挙に行く人」、そして「自分に投票してくれる人」こそが、自分たちにとって真に大事にすべき顧客（お客様）だからです。

だからこそ、僕は声を大にして言いたい。

「若者たちこそ選挙に行ってほしい！」と。

「いまの政治家は、俺ら若い世代のことなんてどうでもいいんだよ」
「子育て世代の苦労なんてわかっていないんだよ」
「若い人間は損をして、高齢者ばかり得しているじゃないか」

もしそんなことを思っているのなら、どうか投票所に行ってください。テレビやスマホの前で文句を言っている暇があったら、各政党・各政治家の言い分を知り、自分の思いを投票用紙にのせて政治に自分の思いを反映させてください。

シルバー民主主義に陥《おちい》っている政治家たちに、「若者たちもここにいるよ！」「俺たちも顧客だぞ！」「私たちも政治を託す立場なんですよ！」ということを示してください。

もし10代～30代の投票率が80％になれば、政治家たちは目の色を変えて、若者世代向けの政策を次々と打ち出し始めますよ。若者が大切なお客様になるのですからね。

「あなたの１票」は政治家へのプレッシャーになる

先ほど僕は、若者こそ選挙に行くべきだと言いました。実際に選挙が近づけば、「あなたの１票が世の中を変えます」という言葉がテレビや街中に躍《おど》りますよね。

でも、あなたはこう思ったかもしれません。

「そんなこと言ったって、俺（私）の１票が、選挙の結果を左右するわけないじゃん。自分が投票に行ったくらいでは、世の中は変わらないよ」

綺麗事はなしで言いましょう。実際、そのとおりなんです。**投票所に行って**

も、「あなたの1票」が現実を大きく変えることはほとんどありません。

あなたが遊びの予定をわざわざずらして投票所に足を運んで、「○○党の◎◎さん」に票を投じても、夜の開票速報では落胆することになるかもしれない。「ほら、やっぱりね。俺（私）の1票なんて、そんなもんだよ」と。

でも、「だから無駄だった」わけでは絶対にないんです。あなたの投票が短期的に夢の社会を実現することはほとんどない。だけど中長期的に見れば、「**あなたの1票」は政治家をジリジリと圧迫するプレッシャーになる**からです。

あなたが「投票」をしなければ、あるいは無投票の人が大勢いれば、政治家はあなた方の存在をまるっきり無視することができます。

でも、あなたが毎回確実に「投票」をする存在に変われば、そしてあなたの周囲の若者の仲間が確実に投票するようになれば、あなた方若者の存在は政治家にとって無視できないものになっていきます。

仮に学校で、生徒会の学年代表を選ぶ選挙があったとします。学年に生徒が1

００人いるとして、つねに投票するのは半数の50人だけだとしましょう。しかも、そのうちの30人はある候補者に絶対に投票してくれるとします。

すると、その候補者は自分に投票してくれる30人だけを見て、彼ら彼女らが喜ぶ活動をしますよね。その30人だけを喜ばせておけば、自分は確実に学年代表に選ばれるのですから。

でも、ある日投票が任意ではなく義務化され、残りの50人が一斉に投票し始めたらどうでしょう。自分の支持者30人だけを喜ばせていても、確実に当選できるとは限らなくなります。

自分の支持者以外の70人の中には、自分を評価しない生徒も多く含まれているはずです。彼ら彼女らを無視した活動をすれば、自分のライバルに票を投じてしまうかもしれません。

政治家の選挙だって同じことです。そう、あなたが**選挙に行かねばならない理由は、明日の政治を変えられるからではなく、未来の政治を変えられるから**なのです。

つまりは、政治家たちに「**次は落ちるかもしれない**」**危機感を抱かせる行為**にほかなりません。

その意味では、投票用紙にどの候補者の名前も書かずに真っ白のまま投じる「**白票**」だって、意味があるんですよ。「白票は無責任だ」という声も聞きますが、「選びたい人物がいない」事実を表明する「白票」は、政治家を脅《おびや》かす十分な威力を持っています。

「あなたの主張・政策を私たちは評価していませんよ」

「いま選びたい候補者はいませんが、私たちはちゃんと政治に関心を向けていますよ」

「私たちが選びたい候補者が出てくれれば、あなたではなくその人を選びますよ」

そう意思表示する**「白票」は、政治家にとっては想像以上にプレッシャーになるんです。**実際に、選挙を通じて選ばれる立場も経験した僕だからこそ、その脅威を肌感覚でひしひしと理解しています。

「白票」は何も書かれていない真っ白な紙などではなく、「あなたを評価していません」という強烈なメッセージだからです。

政治家は白票の数を見て、「ちゃんとやらないと、次の投票では自分のライバルにこの白票が流れるかもしれない。この人たちの声を真剣に聴かないと、次の選挙に負けるかもしれない」とビクビクすることでしょう。

現在の国政選挙にしても地方選挙にしても、自宅から投票所までどれだけ遠くても歩いて10分か20分程度です。車が必要な場所でも、だいたい30分圏内には投票所があるはず。当日ほかの予定があっても、期日前投票ができます。投票することなんて、大した負担ではありません。

その程度の労力もかけずに、「自分たちの思うとおりの社会をつくってくれ」「こんな政治は意味がない」と政治に文句を言うのは虫がよすぎます。

僕らは民主主義を運営するうえで、先人たちのように血を流したり、命を失ったりする心配はありません。

投票するだけでいいのです。だからせめて、投票所に足を運ぶ汗くらいは流しましょうよ。

第3章

なんでネット選挙できないんですか？

▼

与党政治家は、無党派層に
選挙に行ってほしくないからです

将来世代のことを考えるのが本当の政治家

政治家にとって大切なのは「有権者＝選挙に行く人」であり、「非顧客＝選挙に行かない人」は眼中にない……という状態は本来望ましくありません。

この状況がいきすぎると、「**ポピュリズム**」と呼ばれる政治スタイルになっていきます。政治家が、自分に票を入れてくれる人びとのほうだけを向き、彼ら彼女らだけが喜ぶような政治をするようになってしまう。

自分を支持してくれる人びとの声を聴くのは大切ですが、**少数派の意見を無視するようになっては、健全な民主主義国家とは言えません**。

仮に全有権者が選挙に行くとしても、数として少ないマイノリティの人びとの願いが、マジョリティを上回ることはありません。障がい者、ＬＧＢＴＱ（性的少数者）、シングル家庭、経済的困窮者、引きこもり、病人など……こうした方々の声や意見、訴えが、「数が少ない」ことを理由にかき消されてはならないのです。

少数者の意見を無視する政治は、じつは強靱《きょうじん》な社会をつくり上げないし、持続可能ではありません。

日本はシルバー民主主義を続けてきた結果、何が起きたでしょう。極端な少子高齢化です。高齢者に有利な社会を維持し、若者の活力を生む社会構造をつくる努力を怠《おこた》ってきました。典型例は医療保険や年金などの社会保障制度です。

現状は投票率の高い高齢者が得をする制度になっており、結局は若者が苦しみ、将来に希望を持てず、子どもを産む若者がどんどん減ってきている。そして日本の衰退が叫ばれている状態です。

それでも高齢者の数がここまで多くない時代はまだよかった。少ない高齢者をボリュームゾーンの若者たちが働いて支える、そんな構造がちゃんと機能する時代がかつてはありました。

でも、その構造が維持できなくなり、多数の高齢者を少数の若者で支えなくてはならない未来が随分前から見えていたはずだったのに、社会システムを変えることをサボってきた結果どうなったか。

「前例がそうだったから」と現実の危機を軽視した結果、社会保障制度のひずみはどんどん大きくなり、若者の貧困、未婚率の上昇、少子化が進みました。

結婚や子育てに希望を持てる人が少なくなり、第1次ベビーブームである1950年頃や、第2次ベビーブームの1970年頃には200万人以上だった出生数は、2022年度にはついに80万人を切りました。

当の高齢者たちもまた、今後の生活に不安を抱いています。経済を活性化し、高齢者世代を支え、社会インフラをアップデートしていく若年世代が激減し、次の世代を担う子どもたちが生まれてこないのですから。

でも、これはシルバー世代の責任というよりも、数十年先の未来を見据えて政治を行なわなくてはならなかったはずの政治家たちが、目の前の顧客と自らの保身だけを考え続けた結果です。

本当なら、自分たちの支持層である高齢者に「今後の未来を考えるなら、いま社会保障制度改革をしなくてはなりません」「若者の負担を減らすために高齢者の負担を増やす必要があります」としっかり訴え、実行するべきだったのに、そうしてこなかった。

政治家とは、仮に自らの政治生命を縮《ちぢ》めるかもしれない政策でも、社会に必要だと思うことは堂々と示し、実行する存在でなければなりません。

どうして若年層や子育て世帯を社会が支えることが必要なのか、言葉を尽くして国民、とくに高齢者層に訴えなくてはならなかったはずです。それをせずに高齢者だけに良い顔をしようとすれば、国は道を誤ります。

この状況を学校に置き換えれば、いま目の前にいる在校生のことだけを考えているようなもの。彼ら彼女らが喜ぶことを最優先してきた結果、在校生は喜ぶけれど、次年度入学以降の学生のためのお金は全部なくなっちゃいました、というようなものです。

まだこの世にいない世代のことを真剣に考えられる力、熱意、想像力こそが、政治家に求められる資質なのです。

政権に緊張感を与える、だから「政権交代」は必要

日本では戦後長らく、自民党政権が続いてきました。一党独裁政治ではない、れっきとした民主主義国家のはずなのに、1955年に結成された自民党がいわゆる「55年体制」と呼ばれる盤石《ばんじやく》な体制を築き、一時期を除いてずっと第一党、政権与党として輝いてきたのです。

学校ならばさしずめ、1955年に設立された伝統校で、過去70年間ずっと特定のグループが生徒会を牛耳《ぎゆうじ》ってきたようなもの。どれほど生徒会メンバーになりたくても、新参者やよそ者は入れてもらえません。

新しくメンバーになりたい人は、彼らのグループに「入れてください」と頼み、彼らと仲良くなり、彼らの常識・ルールに従わないと、主要メンバーにはなれない。それと同じ状況が、国政においても約70年間続いてきたのです。

「55年体制」ができて以来、自民党以外が政権を握ったのはわずか2回だけ。しかもその2回とも、1年弱と約3年間という超短期政権で終わってしまいました。合計4年ほどの短い〝政権交代〟でした。

さて、一つの政治グループが一国の政権を担い続けることは良いことでしょうか、悪いことでしょうか。日本では首相や大臣の顔ぶれが次々と変わっていく時期がありました。海外の首相や大統領は数年間は同じ人物が務めることが多く、各国のトップ同士は緊密な関係を築いていくのに、日本のトップは会うたびに人が違う……。

しかし、どれほど顔ぶれが変わろうと、日本のトップはほとんどの時期で自民党から出ているので、基本的には自民党政治が続いてきました。

それはある種の安定・安心感につながりますが、良くない現象も起こります。まず、一国のトップがいつも自民党から輩出されるので、**自民党とは異なる意見や立場の人びとの声は政治に届きにくくなります。**ＬＧＢＴＱの権利や夫婦別姓、男女の働き方改革や貧困対策など、改革の必要性が社会から訴えられても、保守的な改善にとどまってしまいます。

また党内の顔ぶれがほとんど変わらない、新しい風が入らない、世代交代が進まない、というデメリットもあります。

若い議員や女性政治家が誕生しても結局、主流を歩むのは男性・中高年・世襲政治家（親族から政治基盤やお金を受け継いだ議員）たちで、彼らがつねにボス的存在として幅を利かせている以上、日本の政権与党の主要政治家の面々に大きな変化は起きません。

海外の政権の閣僚たちの集合写真が、さまざまな人種や世代、性別で多様性に富んでいるのに対し、日本の組閣集合写真はいつだってほとんどが中高年男性で、同じような顔ぶれが占めているのは、現代において異様です。価値観や思考法がアップデートされず、似たような階層の人びとばかりが集まれば、世の中の潮流や社会の変化に乗り遅れます。

昨今の自民党政権の政策がことごとく後手後手に回っているように見えるのも、政治とカネの問題で世論から厳しい批判を受けても反応が鈍いのも、自民党が70年近く政権を担ってきた背景があるのではないでしょうか。

一つの政党が政界に君臨し続ける弊害がもう一つあります。それは**「政治とカネ」が切っても切れない関係になっていく**ことです。

カネが周りにあふれている状態が当たり前になれば、人間の金銭感覚は麻痺《まひ》していきます。政治を語るには高級なレストランや料亭が必要で、どこに行ってもちやほやされる状況に慣れていけば、いつの間にか「カネ」なしの日常生活には戻れなくなっていく。僕が実際、そうした議員たちをどれだけ目にしてきたことか……。

ひとたび政治家になった人は、カネを得るために政治家であり続けようとします。ましてや自分の所属する政党がずっと与党であり続ければ、これ以上心強いことはありません。

これでは誰も「改革」を望まなくなります。自分たちを当選させてくれる層だけを向き、政治家の新陳代謝を阻止すれば、政治家としての座はずっと安泰なのですから。

だからこそ、外部の力で**「政権交代」を起こすことが必要**なのです。いまは政権与党の座にあっても、次の選挙ではメンバーが総入れ替えになるかもしれない危機感を政治家に抱かせて初めて、彼ら彼女らは緊張感をもって襟《えり》を正します。有権者から支持を得られるように切磋琢磨《せっさたくま》し始めるでしょう。

世界を見渡せば、アメリカではつねに共和党と民主党という二大政党が入れ替わるように政権交代をしています。イギリスも保守党と労働党で政権交代が生じます。その他の西側ヨーロッパの国では、保守系の党・リベラル系の党・環境重視の党・急進的な党など、複数の政党が毎回の選挙で激しく戦います。

多党政治では一党だけでは議席の過半数を取れないため、毎回異なる党同士が手を携え、連立政権の構成メンバーが替わっていきます。これもある種の政権交代です。その場合は多くの党と協力しなければならないので、各党の独自の主張は薄れるし、必ずしも「良い政治」につながるとは限りませんが、より多様な声を政治に反映できるのは確かです。

いずれにせよ、一つの政党が戦後70年近く政権を独占している日本のような状況は、やはり健全とは言えません。適切な期間で政権交代をしていく国。それが然《しか》るべき民主主義国家の姿ではないでしょうか。

政治家を新陳代謝するための3つの提案

では、政権交代を可能にするためにはどんな方法があるのか。細かい方法やシナリオはいくつか考えられるかもしれませんが、大きく次の3つを提案したいと思います。

①皆が選挙に行き、投票すること
②インターネット選挙を実現すること
③国会議員の多選を禁止すること

まずは①「**皆が選挙に行き、投票すること**」は、すでにお話ししたとおりです。とくに若い世代の投票率を高め、投票者の母数を増やすことで、政権交代が実現する確率を上げることが必要不可欠です。

続いて②「**インターネット選挙を実現すること**」は、①の確率を上げるためにぜひ推進してほしい仕組みです。

最後の③「**国会議員の多選を禁止すること**」もあとで詳しく見ていきます

が、政治家の「政治生命を延長させる」ことが最終目的にならないよう、任期に制限を加えるべきというのが僕の意見です。

では、②「**インターネット選挙を実現すること**」から見ていきましょう。

そもそもなぜ、「政治にカネ」が必要なのか。それは**現状の選挙スタイルでは、資金がないと当選が難しい**からです。現状の日本の選挙は多くの人手を必要とします。

選挙ともなれば大量のビラを配り、ポスターを街中に貼り、ウグイス嬢を雇って選挙カーで候補者の名前を連呼させる。候補者が街頭を巡り、人びとと握手したり遊説《ゆうぜい》をするためのおぜん立てをしたり、旗を立てたり。

立派な事務所を構え、大勢の秘書を抱え、選挙対策スタッフを雇うには、相当のお金がかかります。

ちなみに僕が初めて選挙に出たときは、笑っちゃうくらい人手がいませんでした。友人が多くて人望の厚い人なら、「出馬するぞ！」と言えば、一気に友だちの20人や30人は集まるかもしれませんが、僕の場合は片手の指に収まるくらい……（笑）。

地方議員にしろ、国会議員にしろ、〝政治家の仕事〟の重要な部分（と彼らが思っている）には、「自分の存在を有権者に知ってもらう」活動があります。

選挙区の地元に頻繁《ひんぱん》に帰り、有権者とふれ合い、冠婚葬祭や地域イベントに顔を出すことで知名度を売り、選挙のときに票を入れてもらう。それが政治家にとっては不可欠な活動（だと多くの政治家は思っています）。

このため、選挙自体はわずか数週間で終わりますが、選挙期間外は地元をくまなく回る必要があり、候補者本人だけではなく秘書がいればいるほど手分けができるので助かります。だから**秘書を雇う人件費がいちばん高額**になるのです。

その点、世襲議員は強い。親の代から選挙のやり方を熟知したスタッフが大勢いて、自分の苗字（親の苗字）を地元民なら誰もが知っている。出馬の決意を固めた瞬間に、何十人も自分の仲間を持てるのはさぞや心強いことでしょう。

でも、もしも「インターネット選挙」が普及すれば、話が変わってきます。これまで必要だった大勢の人員は不要になります。街中に貼りまくっていたビラや、選挙スタッフが総出で配っていたポスターも、ネットでの選挙活動が主流になればいらなくなります。

日本の公職選挙法は、候補者が公平に競えるよう厳格な決まりを設けています。お金持ちだけが有利にならないように、選挙活動に対するお金の使い方も厳密にルールを決めているし、ビラやポスターの枚数もすべて一律に上限を設定しています。

しかし、いくらビラの枚数が決まっていようと、それを配る人員に差があれば、結果は自ずと違ってきます。

また、選挙期間外のビラについては、投票を依頼するようなものでなければ基本的に規制はないので、どれだけ秘書を抱えているかで差が生まれます。

これが公職選挙法の抜け穴で、**「選挙期間中」は徹底して厳しくチェックする**

のに、「選挙期間外」は野放しになるのです。

当選を繰り返している盤石な政治家は、秘書を10人以上抱えています。

本来、国の税金で雇える公設秘書は3人までと決まっていますが、それに加えて自費＝政治資金で私設秘書を雇うのです。一人当たり仮に年600万円ほどの給料を払うとすれば、10人抱えると年間6000万円にもなります。

つまり、**お金のあるなしで雇える秘書の数が決まって、活動の違いに直結してくる**のです。

では、このような私費で雇う私設秘書は何をするのか。雇い主である政治家の分身のように選挙区を巡り、「先生」の名を売る仕事をします。情報を集め、会うべき人に会い、「次の選挙」に備えて準備を万端に整えます。

そして、スタッフが滞在できる事務所を選挙区内にいくつも構えれば、お金はどんどん出ていきます。

結局のところ、優秀な秘書を大勢抱えられる資産家の政治家が、仲間をどんどん増やしていき、選挙時に優位に立てる仕組みになっているのです。

いくら公職選挙法で選挙期間中だけをピンポイントで見張っても、**選挙期間外が野放しになっていれば「平等で開かれた政治」は実現しない**ということです。ならばむしろ、「秘書」の数を一律に制限するほうがよほど公平性を担保できると思います。

しかも「インターネット選挙」が広まれば、人手を多く抱えなくても、効果的な宣伝を打つことができます。秘書やスタッフを大勢雇わなくても、能力のあるブレーンや仲間が数名いれば、ネット上でのアピールは可能です。大金をつぎ込んで秘書を抱えなくても十分に政治活動はできるのです。

このように私設秘書の数を一律に制限し、**インターネット選挙をもっと解禁していけば、お金がなくても志さえあれば、政治家になるチャンスが得られる**でしょう。すでにインターネットを通じてのホームページ作成や動画配信は始まっており、こうした選挙活動がより主流になるべきだと思います。

政治家の発信という意味での「ネット選挙活動」は徐々に広がっていますが、これからは「ネット投票」を日本でも実現していくべきです。

ネット投票が進まない本当の理由

森喜朗《よしろう》元首相はかつて、衆院選の最中に「（無党派層は選挙に）関心がないといって（投票に行かずに）寝てしまってくれればいい」と発言し、大バッシングを受けました。

失言連発で有名な政治家とはいえ、さすがに自民党内でも不評だったそうです。というのは、この発言が的外れなものではなく、むしろある意味非常に核心を突いたもので、政治家たちの本心をばらしてしまうものだったからです。

政権与党の政治家たちにとって、「選挙」で最も都合の良い状況は、自分たちに票を入れてくれる人だけが投票所に来てくれることです。

どうせ自分に票を入れてくれないのであれば、投票所に来てくれないほうがいい。無党派層が選挙に参加し、敵である野党に票を入れようものなら、たまったものではありません。

無党派層は政治に関心を持つよりも、家で寝ていてくれたほうがいい。それが、政権与党の政治家が語ることのない本音なのです。

そんな彼らは「インターネット投票」の実現に本気で取り組む気はありません。だって、インターネット投票が始まれば、せっかく家で寝ている子を起こしてしまうからです。

ネット投票が実現すれば、そもそも投票所に行く汗すら流す必要はありません。スマホの画面を指先でタップしていけば、誰もが「政治」に参加できます。

つまり、無党派層が気軽に投票できることになり、政権与党の政治家にとっては非常に都合が悪い。**これまでは「選挙に来ない若者」たちも、ネット投票が実現すれば一気に投票に参加するでしょう。**

政府は昨今、マイナンバー制度の普及に本腰を入れています。同じように、政治家たちが本気で投票率を上げたいと願うなら、「投票したらマイナポイント付与」みたいなキャンペーンでも張れば、投票率は爆上がりするでしょう。

でも、すでに当選している政治家たちは決してネット投票を本気で推進せず、むしろ必死になってデメリットを叫びます。最たるものが、「ネット投票になれば、不正が増える」というものです。

でも、これはおかしな話ですよ。だって政府はデジタル社会の実現を目指し、デジタル技術の安心安全、不正の防止を謳《うた》っているわけでしょう。国民の所得や税金の流れを徹底的に透明化するためにマイナンバーカードやインボイス制度の普及に必死になっています。

にもかかわらず、政治家の裏金の存在を不透明にしたままにするために自分たちのカネの動きはデジタル化せず、さらに自分たちが選挙に落ちたくないからネット投票もしないだなんて、矛盾もいいところです。

「ネット投票が実現すれば不正が多発する」と政治家は繰り返しますが、むしろ逆。**デジタル化し透明化すれば、紙の制度よりも不正は少なくなる**はずです。それぐらいの仕組みをつくることができなければ、デジタル社会の実現など見込めません。成りすまし防止の技術が難しくて、どうして国民がマイナンバー制度を信用できるでしょうか。

また、ネット投票になるとデジタルエラーが増えるという声もあります。でも、**デジタルでの投票は紙の投票よりもミスが減る**はずです。

いま日本の選挙では、有権者に配布した投票用紙と実際に投票された投票用紙を１枚単位で照合しています。用紙も形状記憶型の特殊用紙で、どれほど折っても投票箱の中ですぐに開くようになって開票作業をしやすくしている。

日本の技術力と真面目さ、緻密さが選挙現場でもいかんなく発揮されているわけですが、集計も人間が目視で行なっています。間違いがないように何重にもわたってチェックしていても、ヒューマンエラーはどうしても起きるものです。

その点、デジタル化すれば記録も残るし、誤りも遡《さかのぼ》りやすいし、集計も一瞬で出ます。

「ネット選挙活動」の普及、「ネット投票」の実現は他国で実証済みです。

デジタル立国で名高いエストニアでは、地方議会では2005年から、国政でも2007年から、ネット投票が実現しています。当時は「エストニアには国民一人ひとりに付与されたデジタルIDがあるからネット投票ができるんだ」と言われていましたが、いまや日本にもマイナンバー（カード）制度が普及してきました。

エストニアと人口規模が違うとはいえ、いや、人口が多い日本だからこそ、投票用紙をアナログで1枚1枚数えるよりも、デジタル上で集計したほうが正確かつ透明化した開票作業になるはずです。

候補者名連呼の選挙から、政策重視の実のある選挙へ

選挙期間になると、街はにわかに騒々しくなります。街角ではたくさんのビラを配り、車道では候補者の名前をひたすら連呼しながら車が走り回ります。「大の大人が自動車から大声で名前を叫んでいる」ことに驚く子どももいるでしょう。

そうした騒々しいキャンペーンからは、各候補者や政党が目指す「政治」の姿は見えてきません。多くの人手を動員して街頭演説の場所をつくり、候補者が熱弁を振るっても、その演説では数十名程度にしか候補者の声を届けられません。

ビラやポスターといっても、書ける文字数は決まっています。ポスターなどは

候補者の顔写真がメインです。だからだらだらと公約を書くよりも、一言二言、キャッチーな文言と、ビジュアルに修整をかけまくった写真で乗り切るしかない。**中身のある政策の主張は二の次**になります。

多くのお金、多くの人手、多くの体力を費やした選挙は、いったい誰のための選挙活動なのか。こうした前時代的な選挙が本当に「選挙」のあるべき姿なのか、疑問に思うのは僕だけではないはずです。

こうした選挙活動の実態を学校に置き換えるなら、さしずめ体育会系のクラブにお願いして、そのあり余る体力と機動力、コネクションを総動員して、人海戦術で選挙活動を繰り広げてもらうようなもの。

目的は、一人でも多くの人に候補者の顔と名前を覚えてもらうことで、公約や政策の中身は二の次になってしまいます。

どうせ政治（学校運営）に関心のない生徒たちです。投票所に行けば、見たことがあるような顔の、聞いたことのあるような名前を書くだろうと、候補者側がなめた態度をとるのと同じ。

そんな現状も、「ネット選挙」が普及すれば様相が変わるはずです。現場に来られない人のためにインターネット上にも演説動画を上げておけば、いつでもどこでも視聴することができます。

有権者の中には、高齢で身体が弱り、家から気軽に出られない方もおられるでしょう。病気やメンタル不調で休んでいる方、障がいのある方、引きこもりの方、海外にお住まいの方、仕事で日中忙殺されている方も、自分の好きなタイミングで政治家の演説を視聴したり、ネットで投票したりできるようになれば選挙が劇的に変わります。

いまや大学の講義も仕事も、リモートが可能な時代です。デジタル授業やオンライン会議が当たり前の時代に、なぜ１００年前と同じ紙のビラと街頭演説で、選挙活動をしなくてはならないのか。

公職選挙法により、テレビ局も公平性重視のため、選挙期間中は候補者一人当たりの放映時間を正確に配分しなくてはなりません。テレビ討論会も準備するのが大変で、昨今はかなり減少してきました。

候補者の街頭演説でも、驚くべきことに、選挙管理委員会から配られた標旗（のぼりのようなもの）がないと演説ができません。候補者の代理を立てることで、同時に数カ所で演説することを防ぐために、標旗が演説場所に到着しないとマイクをオンにしてはいけないんですね。だから標旗を運ぶ専用の人員が必要になります。

だけど、それはネットも何もない昭和の時代までのやり方ですよ。多くの人員を動員できる金持ちでないと同時多発的な演説が不可能だった時代の話です。

いまやお金がなくてもネットをフル活用すれば、メッセージを同時多発的に一挙に発信できる時代なのです。候補者がリモートを活用すれば、お金をかけなくても同時多発的に演説をすることも可能です。

「選挙活動」のあり方も、時代に即して考え直す時期にきているのではないでしょうか。

「ネット選挙」では、自分の顔と名前を覚えてもらう戦略から政策の中身を伝える戦略へ、選挙活動のスタイルも変わるでしょう。

2024年7月に行なわれた東京都知事選挙で大旋風を巻き起こした石丸伸二氏のように、リアルな街頭演説でだらだらと政策を語ることはせず、政策の中身はネットを見てくださいとだけ伝え、有権者と直接触れるリアルの場では自分の熱量、気迫だけを感じ取ってもらう戦略も効果的になるかもしれません。

いずれにせよ、僕たち有権者がいちばんほしい情報は、**候補者の見た目や名前ではなく、「政治家になったあとに何を成し遂げたいと考えているのか」**のはずです。

「自分はどういう社会をつくっていきたいのか」、その夢や具体的な方法を、熱意をもって、かつ論理的に語れる政治家は魅力的ですよね。

ネット選挙になれば、そのような魅力を選別することがいまの選挙よりも可能になるでしょう。

政治家の身分が固定化しないために

最後に、③**「国会議員の多選を禁止すること」**を見ていきます。一部の特権的な階層だけが「政治」を独占することのないような仕組みが、**政治家の新陳代謝を高めるために必要不可欠**です。「国会議員（政治家）の多選禁止」によって、国会議員の流動性が高まります。

もちろん、国会議員の皆が新人ばかりでは安定した政権運営は望めないかもしれませんが、30代で政治家になった人が70代、80代まで「生涯政治家」を全うできるというのはいかがなものでしょう。

ボランティアの生徒会委員やＰＴＡ役員を10年以上やり続けたいと思う人は、ほとんどいないはずです。メリットややりがいに比してとてつもない労力がかかりますから。

　でも、お金のうまみを知る職業政治家は10年、20年、30年と政治家を続けたがります。石にしがみついてでも政治家を続けたい人びとが、自主的に廃業することはありません。

　ならばシステムとして、ある程度の時期を経たら、政治家の新陳代謝を促すための「多選禁止」を定めるべきではないでしょうか。

　お金のあるなしにかかわらず、知名度のあるなしにかかわらず、コネクションのあるなしにかかわらず、**誰もが平等に「政治」に参加できる仕組み**を僕らはこれから考えていかなくてはなりません。

PHP新書

PHP研究所

道

自分には　自分に与えられた道がある
天与の尊い道がある
広い時もある　せまい時もある
のぼりもあれば　くだりもある
思案にあまる時もあろう
しかし心を定め　希望をもって歩むならば
必ず道はひらけてくる
深い喜びも　そこから生まれてくる

松下幸之助

第4章

なんで日本では「首相」を直接選べないんですか？

▼

そのほうが国会議員にとって
得だからです

ルール（法律）をつくる「国会」、実行する「内閣」

この章では、**「国会」**や**「内閣」**の役割について考えてみたいと思います。

憲法第41条には、国会の役目についてこう書いてあります。

国会は、国権の最高機関であって、国の唯一の立法機関である。

僕はつねづね**「政治家とはルールメーカーである」**と言っています。第1章の冒頭でも、ブラック校則の実例をお話ししましたね。

人間が集まる学校や会社には、それぞれそのメンバーが守るべきルールや心得が存在します。生い立ちや考え方、常識が異なる人びとが一緒に行動、生活する以上、みんなが守るべきルールが必要不可欠です。

政治家も、日本という社会を平和で安全なものにするため、国民が幸せに、希望にあふれる人生を送るため、あらゆる事態を考えながらルールを定めます。あるいは、すでにあるルールが妥当なのか、時代に即したものなのか、そのルールによって誰かが不利益を被《こうむ》っていないか、必要に応じて見直す作業も大切です。

その作業をするための政治家を選ぶために、僕らは「選挙」を行ない、ルールを決めるのにふさわしい人物を選ぶわけです。

そうした政治家が集う場を「国会」と呼びます。日本の「国会」は、衆議院と参議院という性質の異なる二つの議院から成り立つ二院制です。こうした二院制を採用する国はアメリカや欧州諸国など多くありますが、日本の場合は次のように定められています。

衆議院の定員数は４６５人、任期は４年、選ばれるのは満25歳以上。

参議院の定員数は２４８人、任期は６年（３年ごとに半数改選）、選ばれるのは

満30歳以上。

衆議院のほうが参議院よりも、立候補できる年齢が低いですね。任期が短く、解散して再び選挙を行なうこともあるので、選挙の頻度は参議院よりも多くなります。定員数も多いため、より民主的で多様な意見、世論が反映されやすい、国民との結びつきが強い議院と言えるでしょう。

これら両院で可決された法案が、正式に「法律」になります。

ただし、両院それぞれの結論が分かれた際、たとえば、衆議院で可決されたのに参議院で否決されたような場合は、衆議院の出席議員の3分の2以上の賛成で再度可決されたら法律となるというように、衆議院の意思が優先されます。これを**「衆議院の優越」**と呼びます。学校の社会の授業で習いましたよね？

でも、なぜこんな面倒くさい仕組みを整えたのでしょう。そもそも、ほとんど同じことをする議院がなぜ二つも必要なのでしょう。

衆議院と参議院

衆議院		参議院
465人	定数	248人
4年	任期	6年
あり 任期途中でも 議員でなくなる	解散	なし 3年ごとに 半分が交代
18歳以上	選挙権	18歳以上
25歳以上	被選挙権	30歳以上

　理由は、**構成メンバーの発想や決定に偏りが出ないようにし、法律案を慎重に吟味するため**です。

　生徒会にしろＰＴＡにしろ、少数のメンバーだけに運営を任せると、考え方や発想が似てきてしまうことがありますよね。長年一緒にいれば、メンバー間の力関係も生まれ、ある者の決断には「ＮＯ！」と言えなくなってしまうかもしれません。

　その点、タイプの異なる二つの会を設ければ、それぞれに多様な意見が出て、議論に幅が出やすくなります。そして二つの会で吟味するので問題点をより慎重に議論できます。

たしかに、少数メンバーでの意思決定はスピード感があるという利点がありますが、より多様な意見を反映するという意味では、ある程度の人数が議論に参加することが望ましいと言えます。

しかも、ルールは一度つくられると簡単に修正することはできません。国民の生活に直結する法律という名のルールづくりでは、慎重になるべきでしょう。

そのため、間違いのないように衆議院と参議院で二重にチェックする仕組みとしたのです。

ここでは、**衆議院・参議院からなる「国会」は日本のルールをつくる大切な場**と覚えておいてください。

首相のとっておきの切り札

では「国会」が決めた法律や予算に基づき、実際にその法律や予算を実行する機関はどこでしょうか。それが「内閣」です。憲法第65条にはこうあります。

行政権は、内閣に属する。

僕らは「**三権分立**」という概念を学校で習いますよね。

「三権」とは、「立法権」「行政権」「司法権」のことです。それぞれの重要な権力が一カ所に固まらないよう、３つの機関に分散されることが憲法には記されています。

第41条では、「国会に立法権があること」
第65条では、「内閣に行政権があること」
第76条では、「裁判所に司法権があること」

それぞれきちんと明記されています。

3つの権力は分散しているだけではなく、互いにチェックし合う構造になっています。仮に国会が暴走すれば、内閣や裁判所がそれを防ぎ、内閣が暴走すれば、国会や裁判所の力で防ぐ。裁判官に問題があれば、国会がその人物を辞めさせる権限も持っています。

内閣を率いる内閣総理大臣は国会が指名する立場にあり、かつ内閣を総辞職させる権限も持ちます。反対に内閣は国会を召集したり、衆議院を解散させたりすることができます。

そして三者それぞれがチェックできているか、三権分立がきちんと機能しているかを確認する役割は、僕ら国民一人ひとりが負っているのです。

さて、内閣を率いるのは内閣総理大臣ですよね。そして内閣総理大臣が14人以内（特別な場合は17人以内）の国務大臣を任命します。財務大臣、外務大臣、防

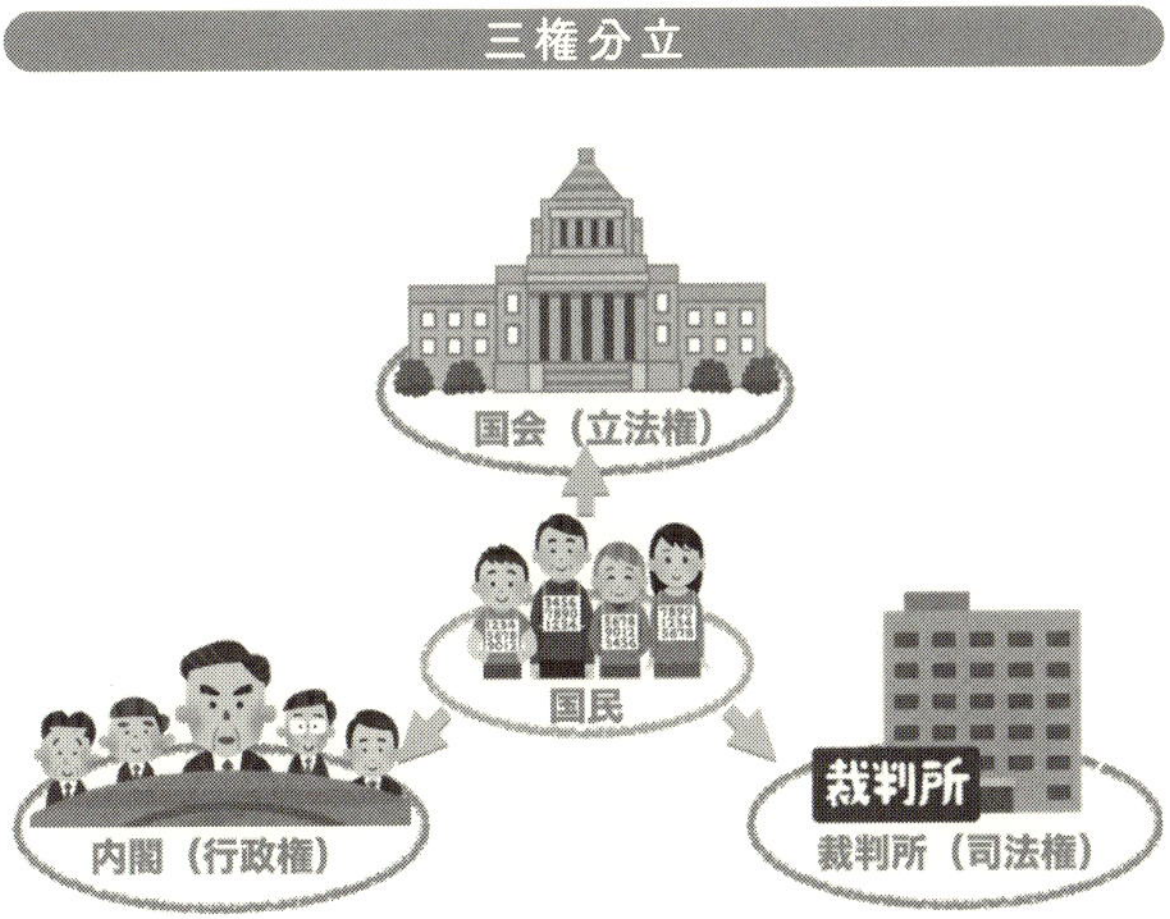

衛大臣、法務大臣、文部科学大臣など、各分野のボスです。

ちなみに僕はこの本で**「首相」**という言葉をよく使いますが、この場合の首相とは、内閣総理大臣のことを指します。

「首相」とは、英語の「Prime Minister」（プライム・ミニスター）のこと。国の行政権を司《つかさど》るトップの人物です。そして日本の「首相」＝「内閣総理大臣」は、国会議員の中から選ばれます。

ただし衆議院と参議院で、それぞれが異なる人物を内閣総理大臣に指名した場合は、まさか２人の内閣総理大臣を立てるわけにもいきません。その場合は両議院が話し合い、それでも決着がつかない場合は、より国民の立場に近い衆議院の決定を優先します。

ただ、せっかく一度決まった内閣総理大臣と内閣でも、「本当にこの内閣がリードする行政でいいのか？」「ちょっとこのメンバーじゃ、ダメなんじゃないか？」と国民が思うケースもありますよね。

仮に衆議院議員の半数以上が「いまの内閣は問題がある！」と判断した場合は、**「内閣不信任決議案」**を提出することができます。

もっとも、内閣のほうもやられっぱなしではありません。衆議院が「内閣不信任決議案」を出したあと10日以内ならば、逆に内閣のほうが衆議院を解散させる権利があります。**解散権は、首相のとっておきの切り札**です。

要するに、「俺たち内閣を『NO！』という衆議院の決定は、本当に国民の皆さんの意思ですか？」と問うことができる。すると「**総選挙**」になります。衆議院議員を全員クビにして、再び一から選挙し直す投票が、全国で実施されるということです。

ただし、現状は内閣も国会も、自民党が公明党とタッグを組み、強力な与党として君臨しています。自民党と公明党のメンバーだけで国会の議席の過半数を得ていますから、内閣不信任決議案が可決されることはありません。

過半数に満たない野党が内閣不信任決議案を提出したとしても、自民党・公明党の与党によって否決されるだけです。だから野党の不信任決議案提出は一種の行事になっています。

むしろ解散総選挙は内閣不信任決議案がなくても、いつでも内閣総理大臣の都合で行なわれます（憲法第7条に基づく解散）。つまり、自民党・公明党の都合のいいときに総選挙となり、野党が準備不足になってしまいます。

だからこそ、このような自民党・公明党に都合のいい選挙にさせないためにも、国民の投票努力が必要なわけです。本当にいまの内閣でいいのか、現状の政治行政のままでいいのかを国民一人ひとりがよく考え、投票所に足を運ぶことが必要なのです。

なぜ日本では「首相」を直接選べないのか

さて、ここまで日本の「国会」と「内閣」の仕組みを説明してきましたが、「そもそもなんで日本では国民が首相を直接選べないんですか?」と質問を受けることがあります。

アメリカや韓国では、**「大統領」**を国民が直接選ぶ仕組みになっています。「そのほうがより国民の意思が反映されるんじゃないの?」と思う日本人も多いようです。

たしかに、アメリカのように国のトップを国民が直接選挙で選べるメリットはあります。テレビなどでアメリカ大統領選挙の様子を見ていると、お祭りのような盛り上がりに驚きますよね。

この本を書いている2024年は、11月5日にアメリカ大統領選挙が予定されています。

それに先立つこと半年以上前から、各政党の候補者を絞り込む予備選挙を含め、アメリカの次の大統領が誰になるのか、世界中が注目します。選挙特番では現在の大統領の実績や課題が語られ、候補者の経歴や政治的信条はもちろん、プライベートでの趣味嗜好や家族関係まで詳細に語られます。

一度大統領に選ばれれば、基本的には任期を全うします。アメリカ大統領の場合は4年（2期まで再選可能）、韓国大統領の任期は5年、その間よほどのことがない限り、国民は泣いても笑ってもトップを変えることができません。

だからこそ国民は真剣勝負で、自国のトップを選びます。国を治め、経済を導き、社会を安定させ、自分たちの顔として諸外国と渡り合ってもらうにふさわしい人は誰かと。

一方で日本では、国民が「この人を首相にしたい！」と選挙で直接選ぶことはできません。これまで見てきたように、日本ではまず国民が選挙で国会議員を選びます。そこで選ばれた議員たちが指名した人物が、首相（内閣総理大臣）になります。こうした**議院内閣制**を採用する国は、ほかにもイギリスやドイツなどがあります。

学校にたとえるなら、アメリカ型では、生徒（国民）全員が「あいつを生徒会長（大統領）にしたい！」と直接選挙をする一方、日本型では、まず生徒会メンバー（国会議員）を生徒（国民）が選び、選ばれた生徒会メンバーが生徒会長（首相）を決めるようなものです。

正直、アメリカ型と日本型のどちらがいいのかは一概には言えません。どちらにも、メリットとデメリットの両面があるからです。

生徒会長（大統領）を選挙で直接決める**アメリカ型の良いところは、なんといっても生徒全員（国民）が「自分たちが選んだ」という意識をきちんと持てること**です。自分たちがトップを選んだからには、そのリーダーの言動、決定の責任

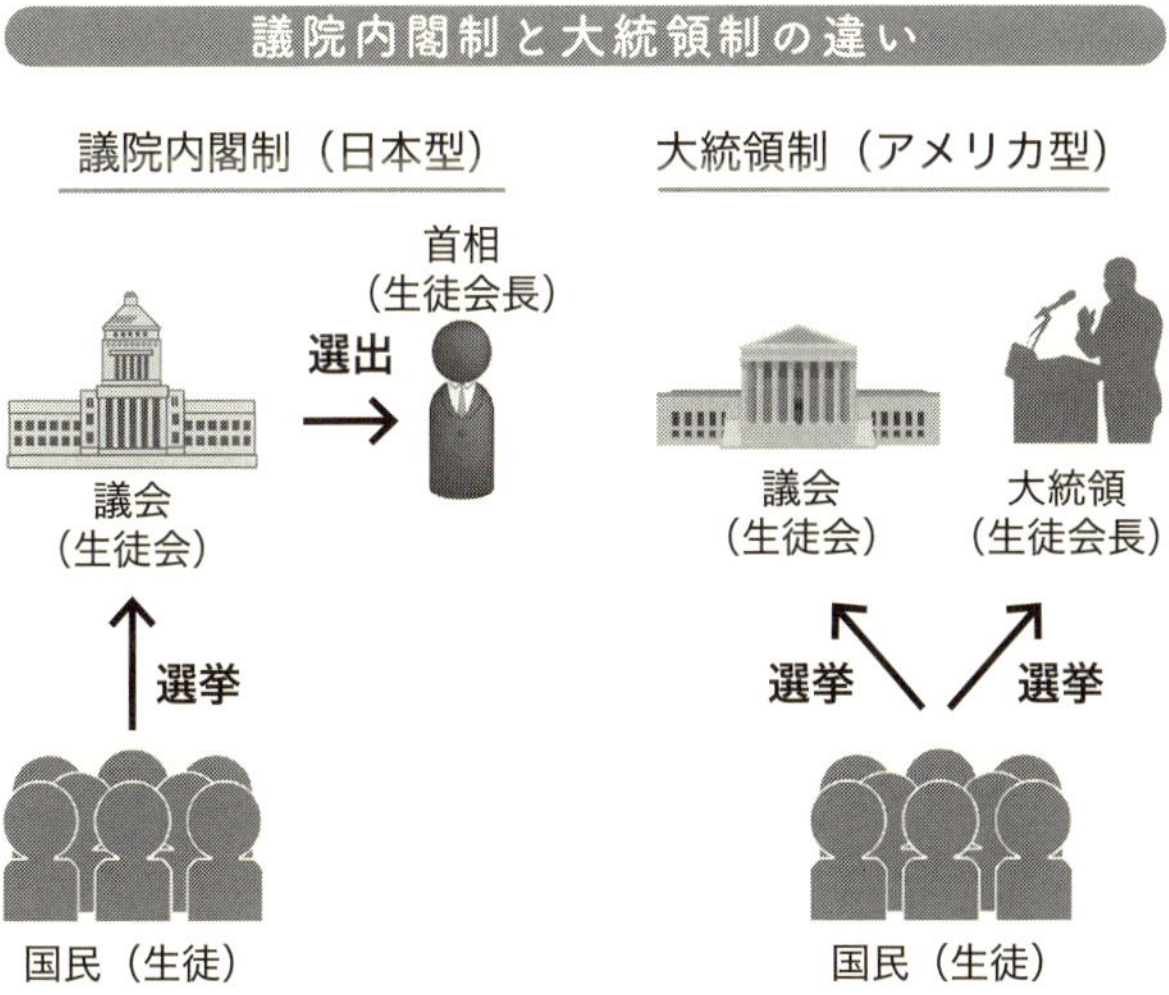

の一端は自分たちにあると自覚することができます。

ところが日本型の場合は、誰をトップ（首相）に据えるかを生徒（国民）は決められないから、どこか他人事のように感じてブーブー文句を垂れることができてしまう。

現実の政治行政において首相が変わったとき、「この人、誰だっけ？」と思ったことがある方もいるかもしれません。国会議員から支持されていても、国民からの知名度や評価とは別ですからね。

もっとも、日本型のメリットもあります。たとえばクラスの学級委員を決める場合は、直接投票でもいいと思うんです。1クラスの人数がせいぜい30〜40人程度なら、クラスメートも学級委員立候補者の性格や資質をだいたい把握できていますから。

でも、これが500人を超える学校全体の生徒会長となればどうでしょう。さすがにクラスや学年を越えて、立候補者の性格や資質、人望を把握することは難しいですよね。

下手に「顔がいいから」「性格がよさそうだから」「モテるから」などといい加減な基準で選んでしまうと、あとが大変になります。

それが数千万人、1億人を超えた人口規模の国家の代表ともなれば、ますます立候補者の資質などわかりません。立候補者の側も不特定多数の国民に向けて訴える必要があるので、わかりやすい人気取りに走りやすい。

「アメリカ・ファースト！」と訴えてアメリカの大統領になったドナルド・トラ

ンプ氏も、直接選挙ならではの戦い方と言えるでしょう。

だから日本では、まず国民は自分たちに身近な代表（国会議員）を選ぶ。そして国会議員同士ならば、候補者の資質をある程度見極めることができるだろうという前提で、国会議員に首相を選んでもらう方式を採ったのです。

トップが独裁化したときにリセットできる仕組み

そもそもなぜ、これほどややこしい仕組みを築き上げてきたのでしょう。国の首相がいて、内閣があって、国会があって、国会の中でも衆議院と参議院に分かれていて、それぞれ任期も選挙のタイミングも違う。えらく複雑な気がするかもしれません。

でも、これもまさに**長い歴史で痛い目に遭《あ》ってきた人類が編み出した知恵**なのです。

たとえばもしあなたの学校で、生徒や生徒会による選挙で民主的に選ばれた生徒会長が、選挙後に乱暴な本性を現し、好き勝手に生徒会を牛耳ったらどうしますか？

選挙までは一所懸命に頭を下げて、笑顔で誠実そうに見えていたのに、選ばれた瞬間に狂暴化し、裏で下級生をいじめていることが判明したような場合です。しかし、気づいたときにはすでに遅し。そんな生徒会長の横暴にあなたが在学中耐えなくてはならないとしたら……。

もちろん、実際の学校生活ではそんな悲劇には陥らないかもしれませんが、現実には過去に人類はその悲劇を何度も経験してきました。

最初から横暴な一面を見せていれば国民も警戒したでしょうが、大抵最初は聞こえのいい綺麗なことを言い、選挙で選ばれて国のトップに就任するんです。

当初は憲法の範囲内でできる部分から自分の権力を広げていき、続いて憲法そのものを変えることにも着手する。最初は巧妙に、「それくらいならいいだろう」と一般の国民が不安を抱かない範囲で。

でも、徐々にエスカレートしていき、皆が「ヤバい！」と気づいた頃にはもう手遅れ。命がけでトップを引きずりおろさないことには、国民全員が悲惨な運命に追い込まれてしまいます。

その頃には、国会、内閣、裁判所や軍部も一人の人間が握ってしまっているので、トップを引きずりおろそうとした人間が犯罪者として捕らえられてしまう……。

まさにそのような手法を実際に行なったのが、ドイツのアドルフ・ヒトラーでした。選挙でトップ（総統）に選ばれたあとに国内のルールをどんどん変えていき、独裁体制を築きました。政府に反対する者は拘束され、強制収容所送りになりました。

現在のロシアもそうですね。大統領任期を定めたルールを変更して再選を繰り返し、仮に選挙が行なわれたとしても、はなから結果は決まっている茶番の選挙です。

ですから、まず**リーダーが横暴化しないようにするために、リーダーの権力が一人に集中しないように分散させ、一部の権力を担う者同士がお互いにチェックできるようにしたのが**「**三権分立**」です。

そして権力を担った者が横暴化したときには、**国民が命をかけなくても、その人物を入れ替えることができるようにしたのが**「**選挙**」です。

選挙というのは、良い政治家を選ぶことよりも、**悪い政治家を投票だけで入れ替えることに意義がある**のです。

首相は直接選べないが、地方リーダーは直接選べる

日本では、国政においてはトップ（首相）を国民が直接選挙で選ぶことはできません。先に述べたように、国民はまず国会議員を選び、国会議員が議員の仲間

からトップを選ぶ仕組みです。首相になるには、国会議員同士の人間関係を築いて彼らの支持を得なければなりません。

一方で地方では、知事・市長・町長・村長などの首長を住民が直接選ぶことができます。僕もその仕組みで２００８年の大阪府知事選挙で当選し、大阪の政治行政の世界に入っていきました。

首長を有権者が直接選べる利点は、僕のように、**議員同士の人間関係を築いていなくても、有権者から選ばれればいきなり地方行政の改革に携わることができること**です。

議員の世界にどっぷりつかっていない人間だからこそ、見える景色、できる改革があります。議員に気遣うことなく、それまでの役所や議会の〝常識〟や〝慣例〟にメスを入れることができる。

学校でもそうですよね。学校・地域にどっぷりつかった人間では見えていなかったものが、外部から入ってきた人間には見えることもある。しがらみがないからこそ、断ち切れる悪弊もあります。

僕も外部の民間出身の人間だったからこそ、借金まみれの大阪府政に大ナタを振るい、業界団体とのしがらみを断ち切り、行財政改革を実現することができたのです。僕に限らず、民間出身者で地方行政において存在感を発揮している首長は何人もいます。

ただし、こうしたアメリカ型の直接選挙のスタイルには、弱点もあります。トップは必ずしも議員の中から選ばれるわけではないので、**議会と対立状況になるリスクがある**ことです。

たとえば、理想に燃えて知事に立候補し、民意によって選ばれたにもかかわらず、議会が別の方向を向いていると、知事の提案がことごとく議会で否決となってしまいます。議員にとっては自分たちが選んだ知事ではありませんし、自分のボスでもないので、気兼ねなく知事と対決できます。

ところが、議員が知事を選び、しかも知事が自分の所属する政党のボスになると、議員は知事と容易には対決できなくなります。

知事と議会の両者がタッグを組み、同じ方向へ走り始められればいいですが、対立構造になると知事も空回り状態です。どれほど理想を語り住民から人気を集めても、肝心な政策を実行できなければ意味がないのです。

僕自身、大阪府知事になったばかりの頃にそうした状況を経験したからこそ、地域政党である大阪維新の会を結党しました。僕が知事として一人で奮闘しても、できることには限りがあります。大改革を成し遂げるためには、ビジョンを共にし、熱いエネルギーを持って走れる議会が必要です。

それは**議員同士の飲み食いで築いた人間関係による仲間ではなく、ビジョンに共鳴し、仕事の能力を評価し合える仲間**。

ですから、僕はそういう仲間を議会に送って議席を増やし、議会で多数を形成することで、知事と議会が同じ方向を向くことを目指したのです。僕は大阪維新の会の結成によってそれを実現できたからこそ、大阪府政・大阪市政を大きく改革することができたと自負しています。

日本の首相は国会議員のほうを向いている？

国のトップを国民が直接選ぶアメリカ型か、議員が選ぶ日本型か。どちらも一長一短があり、正解があるわけではありません。

ですが僕自身は、前者のアメリカ型が望ましいと思っています。理由としては、これまで挙げてきた要素もありますが、結局のところ「**トップがどこを向いて政治行政を行なうか**」に関係してくるからです。

アメリカ型の直接選挙は、人気取りの「ポピュリズム」に陥りやすいというデメリットはあります。

いま世界では、トランプ氏が再び米大統領に当選するか固唾《かたず》をのんで見守っていますが、語り掛けるべき相手が「国民」だと、インパクトがあって目立つ演説・公約にどうしても偏る危険性はあります。

国民全員が候補者のメッセージを詳細にくみ取るとは限りません。よりわかりやすい公約、よりシンプルで強烈なメッセージ、人びとの記憶に残りやすいバズる政策を打ち出したほうが人気を集められます。

本来は国のリーダーとして、たとえ国民には不人気でも「やるべきこと」をしなくてはならない局面もあるはずですが、そうした部分は置き去りになってしまうことがあります。

一方で**日本型の議院内閣制スタイルでは、国のトップが国民のほうを向かず、自分を選んでくれる国会議員のほうを向いてしまう**という事態が起こりがちです。自分を首相として指名して支えてくれるのが国会議員たちである以上、彼らにそっぽを向かれるような政治行政は行ないにくくなります。

生徒会に置き換えてみましょう。仮に生徒会長が、全校生徒からの直接選挙ではなく、議院内閣制のように生徒会メンバーからの指名選挙だった場合、生徒会長は生徒会メンバーが嫌がるようなことはしなくなりますよね。

たとえば生徒会メンバーが生徒会室を自由に使う権利や、生徒会費で漫画やおやつを自由に購入できる権利が慣習としてあった場合、生徒会長が「それらを全部廃止しよう」といった提言は行ないにくくなります。そんなことを言えば、「は？　じゃあ、別の人間を会長にするわ」となるかもしれません。

生徒会メンバーの意見をちゃんと聞く会長、生徒会メンバーの権利をきちんと守ってくれる会長を今度は選ぶかもしれません。

あるいは会長職を取り上げられないまでも、会長の提案にことごとく反対するかもしれません。「やりたいならお前一人でやれよ。俺たちは知らないよ」とそっぽを向かれたら、会長一人では何もできない。

そうならないために生徒会長は、生徒会メンバーの顔色をうかがうようになります。メンバーが喜ぶようなことばかりして、彼らが嫌がりそうな改革は避けるようになっていきます。それがいまの日本の政治の現状です。

国民の側にしてみても、自分たちの知らないところで、国会議員同士の飲み食いにより築かれた人間関係で、一国の首相が決まっていくわけです。

「次は○○さんはどうか」

「前回はあの派閥から首相を出したから、次こそはうちの派閥から輩出したい」

「あの人物は言うことを聞かないから、やめておこう」

日本をどうしたいかという理想とは別の事情が働き、国のトップが決まる状況がもう何十年も続いているわけですから、日本人が自分たちのトップが決まるプロセスをどこか他人事で見るのも無理もないかもしれません。

「橋下さん、じゃあどうすればいいんですか？」って？

僕は、アメリカ型の直接選挙と日本型の議院内閣制の中間、いわば**ミックス型の首相公選制**がいいと思っています。

まずは有権者が自分の選挙区の中で国会議員を選び、その議員たちに首相の候補を数人選んでもらう。そして議員たちが選んだ候補者の中から、日本の首相を

首相公選制

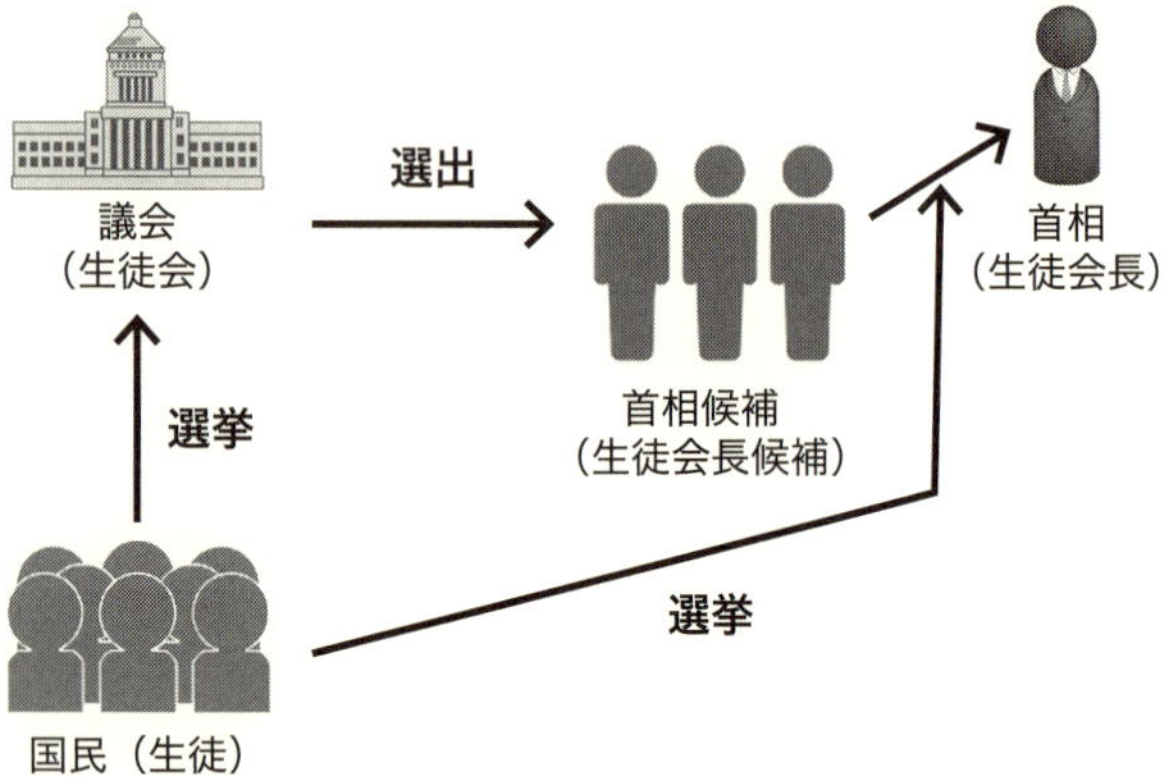

最終的に国民の直接選挙で選ぶのです。

じつはこの折衷案は小泉政権のときに有識者会議で議論されました。しかし、結局実現することはなかった。そりゃそうです。国会議員が自分の最大の武器である首相を選ぶ1票をみすみす放棄するわけがありません。

しかし国政全体のことを考えれば、この首相公選制が日本の政治を現状よりも良くする、前に進める起爆剤になることは間違いないでしょう。首相が国民のほうを意識することになるのですから。

国民が最終的に選ぶ前に、複数の候補者

をいったん国会議員たちに選んでもらう方法なら、やみくもに候補者が乱立せず、しかも候補者の資質について候補者の近くにいる国会議員たちがある程度吟味してくれることになります。国民からすると、国会議員一人ひとりの細かな資質まではわかりませんからね。

そのうえで、最後はやはり国民が選ぶ。国会議員同士の人間関係だけに頼らず、国民が責任をもって自分たちのリーダーを決める。当然、国民からの注目度も高まるし、**国民の政治への無関心も改善される**はずです。

一方の首相も、国会議員と国民双方からの支持が必要になるため、どちらを軽視することもできなくなります。

しっかりと国民のほうを向きながらも、議会とも歩調を合わせて協力していく体制を実現する一つのステップになるのではないでしょうか。

なぜ日本の政治では「派閥」が力を持つのか

さて、ここからは、よく耳にする「**派閥**」について考えたいと思います。裏金スキャンダルにまみれた自民党は、岸田文雄首相が2024年1月18日、突如として派閥の解散を宣言しました。

しかし、一部の派閥は残っていますし、結局人が集まれば派閥はできるものなので、過去のものとはせずに、ここでしっかりと考えたいと思います。

まず、「派閥」とは国会議員のグループですが、日本の政治においては非常に厄介な存在です。

すでに国政においては、自民党や公明党、立憲民主党や日本維新の会などが乱立しているにもかかわらず、さらに同じ自民党内でいくつもの「派閥」に分かれ、それぞれに圧倒的な力を持つボスが君臨している。ボスの鶴の一声で人事が決まり、政策にも大いに影響を及ぼしている現実があります。

「○○派の◎◎氏が、総理と昨夜都内の飲食店で会合し、△△を直談判」

「◎◎氏（○○派）が、総理に怒りの電話」

という報道を見聞きすることがありますね。

民主主義は、最後は多数決で決まります。数がモノをいう。そのため、国会議員をグループとして束ねて数の力を行使できる派閥のボスが力を持ってしまうのです。

派閥をつくるために、ボスは並々ならぬ努力をします。この国会議員同士の人間関係をつくる場が、夜の飲み食いです。

メンバーが困ったときには相談に乗る、助けてあげる、メンバーが要職に就けるように掛け合ってあげる、必要なときにはお金のサポートをしてあげる。

だから派閥のボスは派閥としてお金を集めなければならず、政治資金パーティーをやるのです。そしてメンバーにお金を渡すやり方として、今回問題になった裏金の手段を用い、結果的に大スキャンダルになりました。

派閥のボスが総理や党の幹部に申し入れると、総理や幹部も要求を聞かざるをえなくなります。

このようにして、これまでの自民党の政治では派閥が非常に重要な存在でしたが、国民からすると関係ないですからね。しょせん国会議員同士の飲み食いがベースとなっている内々の人間関係によるもの。国民の意思が派閥に反映されていることなどありません。

生徒会に置き換えて見てみましょう。

ある学校の生徒会は、A君とB君とC君のグループに分かれています。A君のグループは7人、B君のグループは8人、C君のグループは10人です。

この学校の生徒会長は全生徒によって選ばれるアメリカ型ではなく、生徒会メンバーによって選ばれる日本型＝議院内閣制型で、いまの生徒会長はA君グループ7人とB君グループ8人によって選ばれているとします。

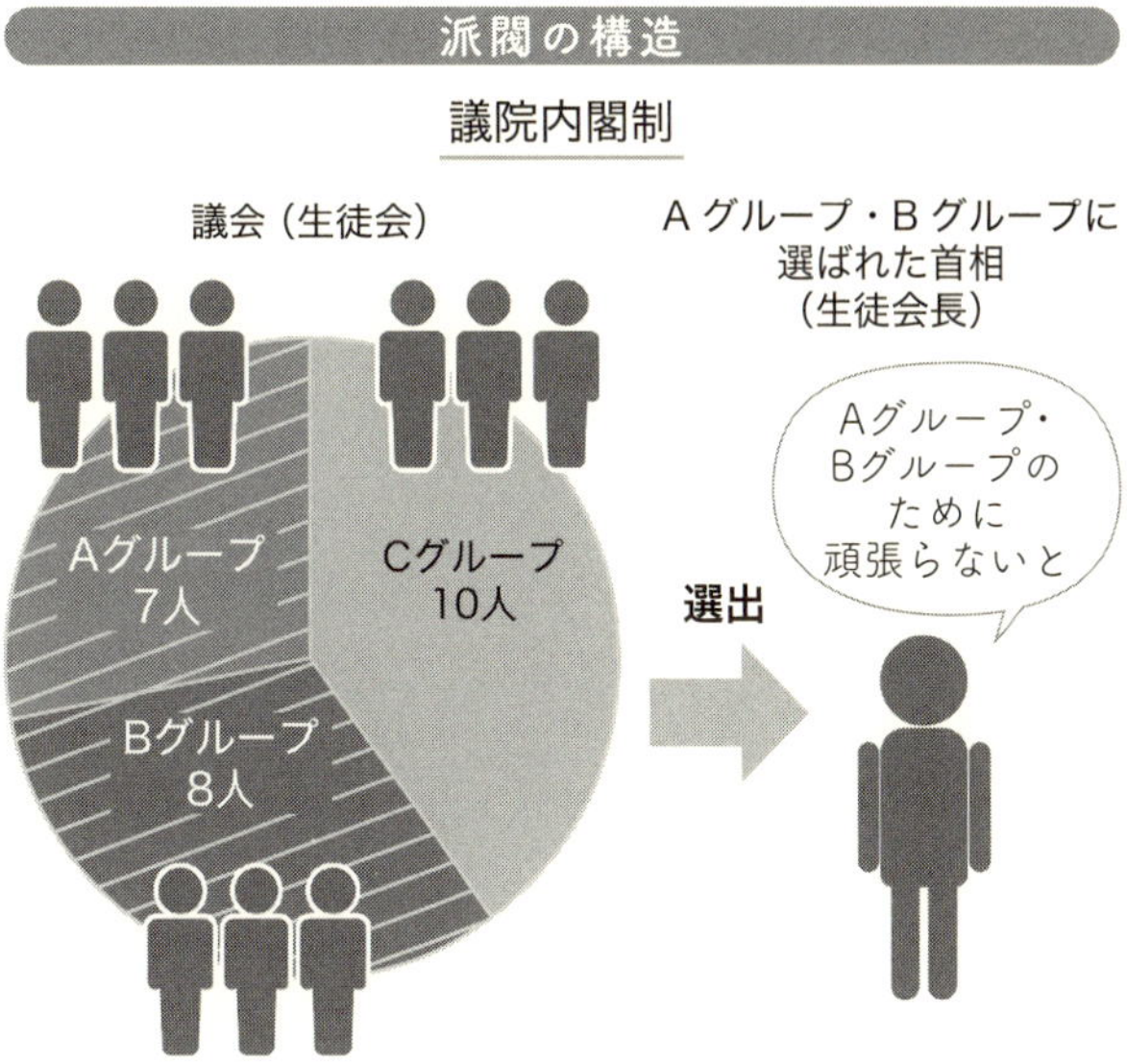

もうこの状況を見るだけで、生徒会長が誰にいちばん気を遣うのかわかりますよね。

そうです。全生徒よりも、A君とB君の顔色ばかりうかがうことになるでしょう。これが日本政治のいちばんの問題点です。

ここでA君やB君が本当に全生徒のことを考えてくれていたらいいのですが、そうはいきません。自分のグループを維持するのに必死になります。

A君もB君も、学校が終われば

近くのファストフード店でグループのメンバーと集まる。話していることは学校全体のことよりもどうでもいい話が中心。代金はA君、B君が出す。そのことによって、メンバーもボスであるA君とB君についていく。

A君はグループメンバーの一人から、体育祭の委員長になりたいとお願いされ、生徒会に掛け合う。B君は、グループメンバーの一人から、自分の所属するラグビー部の部室をもっとグラウンドに近いサッカー部の部室と入れ替えるように求められ、サッカー部と交渉する。また別のメンバーから「○○ちゃんと付き合いたいので間に入ってほしい」と頼まれ、○○ちゃんの自宅前で○○ちゃんが帰ってくるまで待つ。

A君、B君は日々涙ぐましい努力を重ねてグループを維持します。それはC君も同じでしょう。

そのうえで、A君、B君はいざというときに、生徒会長に自分の考えをぶつけて押し通すのです。

それが生徒全体の利益になるものか、自分やグループメンバーの利益のためだけなのかはごちゃまぜです。

このような生徒会が本当に生徒全体のことだけを考えて運営されると思いますか？　そんなことはないですよね。

これが日本の「派閥政治」の実態です。A君、B君、C君こそが派閥のボスとして権力を振るう者であり、**派閥政治は国民全体のことを考えてというよりも、極めて国会議員の内々の論理に基づいて行なわれてしまう**のです。

人が集まればグループができるもの。しかも議院内閣制という、結局は国会議員が首相を選ぶ仕組みになっている以上は、首相を選ぶ際、また首相の前提である自民党総裁を選ぶ際は、国会議員による多数派工作が必要になります。

自民党は世間の批判をかわすために、いったんは派閥解散という形をとりましたが、今後派閥が復活し、派閥政治の弊害が生まれないか、我々国民はしっかりと見ていく必要があります。

政治家のレベルをどう上げる？

ここまで、日本の政治の仕組みや現状を、学校の生徒会を中心に引き合いに出しながら説明してきました。

もちろん、扱う権力や資金、負うべき責任が生徒会と実際の政治では大きく異なります。同レベルで語るわけにはいかないことは僕もわかっていますが、少しでも「政治」へのイメージが湧きやすくなればと思います。

さて、僕は日本の政治のあり方を批判してきましたが、それは現在の課題を見つめ直し、皆で考えたかったからです。別に何から何まで現在の日本の政治がダメダメだ、と言うつもりはありません。

本来、**「政治」と「国民」は合わせ鏡**です。その国の政治が「なっとらん！」のなら、その国の国民も「なっとらん！」のです。

いまの政治家たちは、僕らが「選挙」を通じて選んできた政治家たちばかり。あるいは「選挙」に行かなかったがために、選ばれてしまった政治家たちばかりです。

政治の責任は僕たち一人ひとりにあります。

たとえば、現在の日本の政治家たちは、選挙時に自分のポスターをつくることに命をかけています。プロのカメラマンやスタイリストをつけて、最高の笑顔とポージングを研究し尽くして撮影し、さらに若々しく、リーダーシップあふれる人物に見えるよう、プロのデザイナーが細心の注意を払って修整をかけていく。

そうしたポスターがべたべたと貼られた街角に立つと、国民が何を見ようとしているのか、あるいは何を見ようとしていないかが透けて見えてきます。

本来なら、**政治家にとって大切なのは写真やポスターのクオリティではなく、「政治家として何をするかという政策」**のはずです。でも「選ばれる側（政治家）」は、「選ぶ側（有権者）」が政策など大して見ていないことを知っています。

だから政治家はポスターの見栄えに命をかけるし、地元の祭りにせっせと顔を出すし、有力者の葬式に顔を出せばいいんだろうと思っている。

自分が行けないなら秘書を派遣し、自分の名前を伝えることで、「あ、この政治家知ってる。葬式に来てくれた人だ」と選挙のときに思い出してもらうことに全力を傾けるのです。地元民に「知ってもらうこと」が政治だと勘違いしている政治家は少なくありません。

でも、それはある意味仕方ありません。だって有権者が、政策とは関係のない基準で政治家を選んできたわけですから。

全国の学校の生徒会メンバーが一堂に会するイベントがあるとしましょう。それぞれの学校の代表者たちの振る舞いや発言の内容は、その学校の生徒のレベルを表しています。学校の代表者たちが粗暴で言っていることもメチャクチャなのに、じつはその学校の生徒たちは品行方正で賢く、謙虚である……なんてことはありません。なぜなら、その生徒たちが、「選挙」によって、自分たちの代表を決めているわけですから。

あの学校（国）は良い政治をしているね、良いリーダーを持っているね、と周囲が感嘆する学校（国）は、やはり生徒（国民）のレベルも高いんです。

北欧は福祉が充実していて教育熱心だと羨《うらや》ましがるなら、そういう政策を実現してくれる**政治家を僕らが選挙で選べばいい。選びたい候補者がいないなら、自分が立候補してもいい。**

あるいは現状の政治家に不満があるなら、「**あなた方の政治に私たちは不満を持っていますよ**」**と示すための白票を投じればいい**んです。

そうした行動を起こさずに、日本の政治は「ダメダメ」だと言う国民が大半ならば、民主主義とは何かをわかっていない、と言わざるをえません。

選ぶ側（有権者）のレベルが上がらないと、選ばれる側（政治家）のレベルは上がらないのが民主国家の政治なんです。

ですから若い人たちにこそ政治に関心を持ってもらって、日々ニュースなどで社会の問題点を勉強し、どのような解決策が自分たちの未来を明るくするのかをつねに考えてもらいたいのです。

そして国民のレベルを上げることによって、日本の政治のレベルを上げてもらいたいと思っています。

おわりに

本書は学校のブラック校則の話からスタートして、民主主義の大切さ、選挙に行く意味、三権分立の価値など、政治に関して最低限必要な知識・思考法を見てきました。

リアルの政治を時に「学校」に置き換えることで、自分に身近な問題として考えてもらいたい。僕の政治に対する見方をコンパクトにまとめた本書を子どもから大人まで幅広い世代に読んでもらい、議論してもらいたい。その工夫がうまく成功していることを願うばかりです。

さて、僕が初めて〝政治家〟に立候補したのは、中学生の頃でした。とくにクラスで人望があったほうでもないし、学級委員になりたかったわけでもありません。記憶が正しければ、僕が最初にクラスの学級委員に手を挙げたのは、中学3

年生の頃だったはずです。

ただ、その動機は誇れるものではありませんでした。

半分は高校受験に関わる内申点のため。もう半分はその時期に学級委員になると、長崎県に平和学習研修に連れていってくれるからでした。学校のお金で長崎に行ける（笑）。そんな不真面目な生徒でしたから、クラスのため、学校のために奮闘した記憶はそれほどありません。

　本書の中で「政治と国民は合わせ鏡。政治家のレベルが低いということは、国民のレベルも低いということだ」と威勢のいいことを言いました。我が身に引きつけて言えば「自分のレベルも低かったけど、自分を選んだクラスメートもその程度だった」と無理やり責任転嫁的に解釈しています（苦笑）。

　むしろ僕が学生時代からずっと気になっていたのは、「**ルール**」の存在でした。僕が通った小学校、中学校は公立校で、学力的にも家庭の経済的にも多様で雑多な生徒が集まる学校でしたから、さまざまな理不尽や我慢、世知辛《せちがら》い人間関係も経験しました。力による上下関係はもちろん、時代が時代でしたから、ある程度のいじめや暴力もありました。

自分自身がそういう経験を味わうなかで、「ルール」の必要性をとくに感じたのです。生徒同士や生徒と教師がぶつかった場合に、「ルール」があれば最後は収まるし、その「ルール」を知っているほうが有利になる。

そんな経験から、僕は人生においても「ルール」を知っていることが強みになると感じてその後法律を学び、弁護士になりました。

法律という「ルール」を知ることで、僕自身はもちろん、困った人を助けることもできるようになりました。いじめや不登校をきっかけに反社会的勢力に関わってしまった子どもたちも、法律で助けることができました。

他方で、**「ルール」が絶対的なものではない**ことも十分認識しています。国の憲法や法律が生まれてきた背景には、その時代の社会情勢や価値観が深く関わっています。

ですから、時代に即さないもの、その「ルール」があるがために不利益を被る人、あるいは「ルール」が限定的であるがために本来守られるべき人が守られていないケースも多々あるのです。

したがって、**いまある「ルール」を当たり前のものとしてただ従っているだけでは、せっかく民主主義国家に生まれたのにもったいない。**そう思うようにもなりました。

「日本は政治が悪い」「政治家の質が悪い」「自分たちは運が悪い」と嘆くのは自由ですが、そうした社会を生み出しているのは、ほかならぬ僕たち有権者です。

だからこそ僕は、「ルールを守る側」から「ルールをつくる側」の政治家になりました。自分が住む大阪を良くしたい、日本を良くしたいと願うなら、自ら政治の世界に飛び込めばいい。そうした思いで、大阪府知事・大阪市長として僕なりに奮闘した8年間でした。

「ルールをつくる側」を経験したことで見えてきた政治の理不尽、政治家の本音、そして学校や会社を含む組織はすべて「政治」で成り立っているという実態。これらを僕なりに、ごまかしなしで語ったのが本書です。

僕らがいま享受している民主主義は、長い歴史の積み重ねによってつくられてきました。古くはギリシアのアテネにおいてですが、市民の意思を政治に反映するだけではなく、権力の暴走を阻止するための仕組みもできました。「陶片追《とうへん》放」という制度ですね。

独裁者になる恐れのある人物の名前を市民が陶片に書き投票し、定数に達した場合、その人物は10年間追放されるという仕組みです。民主主義を形づくるために「陶片追放」以外にも数えきれないほど多くの試行錯誤が、古今東西で試みられてきました。

21世紀の日本に生きる僕たちは、そうした長い歴史の積み重ねによってつくられた民主主義のもとで生きています。そして今度は僕たちが後世のために、さらに便利で、さらに安全で、さらに参加しやすい民主主義をつくり上げていかなければなりません。

この本が、若い方々の政治意識改革に少しでも貢献できれば幸せです。「選挙とか面倒くさいし、行かない」と言っていた人が「まあ誰に投票したいとかはないけど、白票だけでも入れに行くか」と少しでも変わってくれたら、万々歳。

もし「ちょっと政治のことを学び直してみるか」と思って本書を読んでくださった方は、ぜひ家族や友人、恋人、学校や職場の知人に「なんか橋下がこんなこと言ってたよ」と伝えてくれたら嬉しいです。

先人たちが血と汗と涙、命と引き換えに手に入れてくれた民主主義という仕組みの尊さを多くの人が理解し、最大限活用して、より良い明日を手に入れてくれることを心より祈っています。

2024年8月

橋下　徹

【本文イラスト・図版】
・p23：よこてさとめ / PIXTA（ピクスタ）
・p119：首相官邸ホームページ（https://www.kantei.go.jp/jp/kids/sanken_sanken.html）より抜粋
・p53、p71 の図版は株式会社PHPエディターズ・グループ作成
・その他の図版はいずれも、各種資料をもとに二橋孝行作成

構成：三浦愛美

PHP新書
PHP INTERFACE
https://www.php.co.jp/

橋下 徹[はしもと・とおる]

1969年生まれ。大阪府立北野高校、早稲田大学政治経済学部卒業。98年、橋下綜合法律事務所を開設。2008年に38歳で大阪府知事、11年に42歳で大阪市長に就任。大阪府庁1万人、大阪市役所3万8000人の組織を動かし、大阪都構想住民投票の実施や行政組織・財政改革などを実現。15年、大阪市長を任期満了で退任。現在はテレビ出演、講演、執筆活動を中心に多方面で活動。著書に『実行力』『交渉力』『決断力』『折れない心 人間関係に悩まない生き方』(以上、PHP新書)など。

2時間で一気読み
13歳からの政治の学校
(PHP新書 1410)

二〇二四年十月九日 第一版第一刷

著者――橋下 徹
発行者――永田貴之
発行所――株式会社PHP研究所
東京本部――〒135-8137 江東区豊洲5-6-52
ビジネス・教養出版部 ☎03-3520-9615(編集)
普及部 ☎03-3520-9630(販売)
京都本部――〒601-8411 京都市南区西九条北ノ内町11
制作協力 組版――株式会社PHPエディターズ・グループ
装幀者――芦澤泰偉＋明石すみれ
印刷所 製本所――TOPPANクロレ株式会社

ISBN978-4-569-85777-0

PHP新書刊行にあたって

「繁栄を通じて平和と幸福を」(PEACE and HAPPINESS through PROSPERITY)の願いのもと、PHP研究所が創設されて今年で五十周年を迎えます。その歩みは、日本人が先の戦争を乗り越え、並々ならぬ努力を続けて、今日の繁栄を築き上げてきた軌跡に重なります。

しかし、平和で豊かな生活を手にした現在、多くの日本人は、自分が何のために生きているのか、どのように生きていきたいのかを、見失いつつあるように思われます。そして、その間にも、日本国内や世界のみならず地球規模での大きな変化が日々生起し、解決すべき問題となって私たちのもとに押し寄せてきます。

このような時代に人生の確かな価値を見出し、生きる喜びに満ちあふれた社会を実現するために、いま何が求められているのでしょうか。それは、先達が培ってきた知恵を紡ぎ直すこと、その上で自分たち一人一人がおかれた現実と進むべき未来について丹念に考えていくこと以外にはありません。

その営みは、単なる知識に終わらない深い思索へ、そしてよく生きるための哲学への旅でもあります。弊所が創設五十周年を迎えましたのを機に、PHP新書を創刊し、この新たな旅を読者と共に歩んでいきたいと思っています。多くの読者の共感と支援を心よりお願いいたします。

一九九六年十月

PHP研究所